AF314774

LES

FÊTES DE BÉATIFICATION

DU

BIENHEUREUX INNOCENT V

Premier Pape Dominicain

CÉLÉBRÉES

les 26, 27 et 28 Janvier 1899

au Couvent des Dominicains d'Amiens

—

COMPTE RENDU ET DISCOURS

—

AMIENS

IMPRIMERIE YVERT & TELLLIER

64, rue des Trois-Cailloux et 10, galerie du Commerce

—

1899

LES

FÊTES DE BÉATIFICATION

DU

BIENHEUREUX INNOCENT V

Premier Pape Dominicain

CÉLÉBRÉES

les 26, 27 et 28 Janvier 1899

au Couvent des Dominicains d'Amiens

COMPTE RENDU ET DISCOURS

AMIENS

IMPRIMERIE YVERT & TELLLIER

64, rue des Trois-Cailloux et 10, galerie du Commerce

1899

BIENHEUREUX INNOCENT V
Premier Pape Dominicain

Les fêtes du B. Innocent V ont eu dans notre couvent d'Amiens un tel éclat et nous ont procuré de si réelles consolations que nous ne pouvons résister au désir d'en fixer le souvenir dans cette brochure, en y publiant avec le compte-rendu des solennités, les trois discours qui ont été prononcés. Le compte-rendu, nous le devons à une plume amie, qui l'avait déjà écrit dans la « Semaine Religieuse du Diocèse » et qui a bien voulu l'adapter à notre usage. Qu'il nous soit permis de remercier le bienveillant auteur qui a su trouver dans son cœur, avant de les faire passer par sa plume, les lignes charmantes que l'on va lire. Quant aux discours, nous ne voulons les signaler que pour offrir aux orateurs l'hommage de notre vive et profonde reconnaissance, et pour promettre à ceux qui les liront les joies que nous avons goûtées à les entendre.

Puissent ces belles fêtes et les doux sou-

venirs qu'elles laisseront, faire connaître
et aimer davantage notre chère famille
de Prêcheurs, et rappeler à tous ceux qui en
recevront les échos la parole que personne
n'a le droit d'oublier : *Filii sanctorum
sumus. Nous sommes les fils des Saints.*

Fr. J.-H. HAGE,
des FF. Prêch., Prieur.

Amiens, le 7 mars 1899,
En la fête de saint Thomas d'Aquin.

Nos annales religieuses ont gardé le souvenir des grandioses cérémonies qui eurent lieu le 18 avril 1622, dans le couvent des Visitandines de la rue des Saintes-Maries, à l'occasion de la béatification de saint François de Sales. C'était un fils de la Savoie que nos pères entouraient de leurs pieux hommages ; c'est encore un fils de la Savoie, de la France, que nous honorions chez les Frères Prêcheurs, les 26, 27 et 28 janvier, à la veille de la fête même du doux évêque de Genève. c'est le bienheureux Innocent V.

L'Eglise n'ignore rien de nos obscurités, de nos tristesses ; elle fait luire sur nous les clartés radieuses et bienfaisantes d'un astre du ciel dominicain.

Pénétrons dans la modeste chapelle ; des draperies de velours rouge, disposées avec goût, parent le sanctuaire et produisent une ombre mystérieuse ; à droite les armoiries de l'Ordre surmontées de la devise *Veritas;* à gauche le trône épiscopal. Au-dessus de l'autel, environné de plantes vertes, étincelant de lumières, rayonne l'image peinte du Bienheureux.

L'artiste a tenté de reproduire les traits d'Innocent V, fixés par fra Angelico dans la célèbre fresque du Chapitre de saint Marc, à Florence, et vraiment qui dira, en la contemplant, que l'imitation n'est pas tout proche du modèle ? C'est là le plus bel éloge qu'on en puisse faire, et nous sommes heureux d'en voir briller l'image en tête de ces humbles pages. La figure, douce et énergique, dit assez ce que fut Pierre de Tarentaise, homme d'action et de pacification.

Le scapulaire dominicain rappelle le religieux; le pallium, l'Archevêque de Lyon, et la tiare, le Souverain Pontife Innocent V. Nos plus vives, nos plus sincères félicitations à l'artiste qui puise le secret de son talent dans sa foi et dans sa piété.

C'est le soir du 25. Les religieux se rangent autour de l'autel ; le *Salve Regina* jaillit de leurs cœurs et de leurs lèvres, plus joyeux, plus suppliant.

Le Très Révérend Père Prieur bénit le tableau et laisse déborder les sentiments de son âme dans l'âme de ses frères.

« Mes Pères et mes Frères, dit-il en substance, c'est en ce moment précis, qui sépare le *Salve Regina* de l'*O lumen* que, selon la coutume de notre province, nous avons fait pour la plupart ou nous ferons un jour notre profession religieuse. C'est ce même moment que j'ai voulu choisir pour bénir l'image de notre nouveau Bienheureux et inaugurer par là les fêtes du *Triduum*. Quelle meilleure préparation pouvons-nous apporter à ces fêtes, que celle de nous renouveler dans l'esprit de notre vocation, dans cet esprit de contemplation et d'action, d'observance et de prédication, de prière et de travail, qui a vivifié l'âme du Bienheureux Innocent V, et qui seul pourra vivifier les nôtres !

PREMIER JOUR

Dès le matin, commence l'affluence des fidèles qui se prolongera durant le *Triduum*. Les tertiaires se réunissent pour la messe de 8 heures : à la famille dominicaine de marcher en tête ! On se presse à la table sainte : rien de plus édifiant......

Le R. P. Hage commente merveilleusement ce texte : *Quis ascendet in montem Domini ? Innocens manibus et mundo corde.* Il fait voir dans la vie du Bienheureux le resplendissement de la double sainteté intérieure et extérieure. L'une se reflète dans l'autre : ainsi se manifestent cette sincérité et cette loyauté qui plaisent tant à Dieu et aux hommes. Modèle d'humilité, de pureté, Innocent peut redire : Voici que toutes les générations me proclameront bienheureux.

On remarque la présence d'élèves des Fidèles Compagnes.

L'école Saint-Martin arrive à 9 heures.
M. l'abbé Guerle, le supérieur, offre le
saint sacrifice. Le R. P. Fages prononce
une vibrante allocution sur la nécessité et
les avantages d'une éducation virilement
chrétienne : c'est d'elle que sont sortis les
preux du moyen-âge et toutes ces œuvres
qui excitent encore notre admiration.

La messe solennelle est célébrée à
10 heures, par le T. R. P. Réginald Mon-
peurt, Provincial de la province de France,
avec toute la majesté du rite dominicain.

Les chants ont un caractère monastique
qui impressionne les plus insensibles.
On peut répéter d'eux le mot de Louis
Veuillot à propos de l'office bénédictin :
« C'est l'office divin d'avant le progrès ».

Voici l'heure des vêpres : toutes les
places sont prises, depuis longtemps :
nombreuses sont les déceptions......

Le T. R. P. Vallée paraît dans la chaire :
il est bien la personnification du moine
théologien, poète, orateur. Sa parole jaillit
des profondeurs d'une âme remplie du

divin, d'un cœur envahi par le Christ, ambitieux de conquérir d'autres cœurs. Les cathédrales l'ont entendu, comme les monastères de Carmélites : Partout on a reconnu le prédicateur du surnaturel.

« J'ai à vous parler, dit le T. R. P. Vallée, du grand moine que fut le B. Innocent V. Il a été, sur la fin de sa vie, appelé à tous les honneurs dont l'Eglise peut accabler ou glorifier un de ses fils. Comment il y a fait très grande figure, on vous le dira demain et après demain. Aujourd'hui j'ai à vous raconter la vie du religieux, depuis la minute où Dieu l'appela au couvent jusqu'au moment où l'Eglise s'emparant de toutes ces forces, amassées en son âme, va lui demander de les mettre au service de tous ». Et l'orateur nous montre successivement dans Pierre de Tarentaise l'enfant confié à son oncle, et venant à dix ans demander l'habit dominicain qu'il reçoit des mains du B. Jourdain de Saxe — le jeune novice et le jeune étudiant s'exerçant à la vertu et aux sciences sacrées

dans le célèbre couvent de S. Jacques —
le professeur qui enseigna dans l'école
des Français, pendant que Thomas d'Aquin
enseignait dans l'école des étrangers —
l'auteur qui rédigea un commentaire du
Livre des Sentences, et composa un travail
approfondi sur les cinq livres du Pentateuque — le prédicateur, qui laisse passer
son âme toute frémissante dans les sermons d'Avent et de Noël, dont les ana-
lyses nous ont été conservées — le Provincial enfin, qui administre sa province
avec assez de fermeté pour corriger tous
les abus, mais avec assez de douceur et
de prudence pour se faire aimer de tous.

Ce panégyrique émut l'assistance, et
en toute vérité, l'orateur pouvait conclure
sur cette parole : « En vous révélant
aujourd'hui la sainteté de l'âme du B. Innocent V, je vous ai déjà fait pressentir toutes
ses gloires ».

Le salut du S. Sacrement est donné par
le T. R. P. Provincial. Les mélodies du
plain-chant et le *quasi stella matutina* en

l'honneur du Bienheureux nous emportent bien loin des vulgarités musicales.

Ainsi se termine ce premier jour, uniquement consacré à la fête intime de famille. Demain, et après-demain surtout, les amis seront reçus dans le couvent et partageront la joie des religieux. N'était-il pas juste que ceux-ci choisissent un jour, où bien seuls et entre eux, ils pussent se dire tout leur bonheur et dire à Dieu toute leur reconnaissance ?

DEUXIÈME JOUR

Le vendredi, aux clartés naissantes de l'aurore, le Grand Séminaire arrive.

M. Siguier monte à l'autel. Les belles voix picardes se surpassent sous la direction de M. Simon. Le R. P. Hage, après avoir remercié M. le Supérieur et les séminaristes, leur adrésse une allocution d'un caractère élevé et pratique. On se prépare à l'action par l'étude et la prière : *Il faut prier sa théologie.* Ainsi fit le Bienheureux : il se disposa par trente années d'études et de recueillement à quelques années d'apostolat.

Tous les séminaristes communient.

Les blanches cornettes des sœurs de S. Vincent-de-Paul se dessinent nombreuses. Les maisons de Charité de Saint-Jacques et de l'établissement Cozette ont envoyé beaucoup de leurs enfants.

Des prêtres de la ville célèbrent la

sainte Messe : qu'il nous soit permis de citer M. Fréchou, vicaire-général, et M. le Curé de Saint-Jacques.

A 8 heures 1/2, c'est l'Orphelinat du Petit-Saint-Jean, amené par les Frères de S. Vincent-de-Paul. Touchante allocution du R. P. Kuhn.

En souvenir de la fraternité qui unit les fils de S. Dominique et de S. François la messe solennelle de 10 heures est célébrée par le T. R. P. Siméon, gardien du couvent d'Amiens, entouré de quinze de ses religieux. Spectacle vraiment beau ! Le tiers-ordre franciscain est très largement représenté... Députation du Pensionnat des Ursulines.

A midi, toute la communauté des Franciscains, Pères, Frères novices et Frères convers, s'unit dans un réfectoire commun à celle des Frères Prêcheurs. La couleur brune alternant avec la couleur blanche est une vision du moyen-âge. Avec quelle joie enthousiaste les fils de S. François et les enfants de S. Dominique répètent la traditionnelle antienne : *Sera-phicus Pater Franciscus et Apostolicus Pater Dominicus, ipsi nos docuerunt legem tuam, Domine.*

L'office des vêpres revoit les Francis-cains. Le T. R. P. Bruno, gardien des Capucins de Versailles, dont Albert, Abbeville, Boulogne apprécient le talent et le zèle, vient, avec sa forte éloquence, chanter l'amitié de Pierre de Tarentaise et de S. Bonaventure, l'amitié des Prê-cheurs et des Mineurs. Il définit admira-blement l'amitié chrétienne et monastique, il dit les circonstances qui rapprochent le Bienheureux de S. Bonaventure, les liens qui les rattachent l'un à l'autre, leur action commune au Concile de Lyon pour l'union des Eglises ; il dit la terrible sépa-ration causée par la mort, les larmes du Bienheureux sur son ami, l'oraison fu-nèbre qu'il lui consacre : *Doleo super te frater mi Jonatha,* je pleure sur toi mon frère Jonathas, et l'émotion qui envahit alors tout l'auditoire. Le B. Grégoire X lui-même pleura......

Dans une seconde partie, le T. R. P. montre comment le baiser de S. Dominique et de S. François s'est perpétué à travers les siècles, exemple de la charité qui doit unir tous les chrétiens...

Un beau salut achève cette seconde journée, les deux grandes familles religieuses se plaisent à redire l'*Ecce quam bonum !*

TROISIÈME JOUR

Samedi est le grand jour. Coïncidence touchante ! Les Frères Prêcheurs font l'office de la Translation des reliques de S. Thomas d'Aquin à Toulouse ; ils unissent dans leurs louanges ceux qui furent si unis sur la terre.

A 8 heures 1/2, pèlerinage du pensionnat Saint-Joseph de la rue Saint-Louis. Pendant la messe, les élèves exécutent des chants sous l'habile direction de leurs maîtres. Le R. P. Prieur leur adresse une émouvante allocution ; il les félicite de recevoir l'éducation des Frères dont la science et le dévouement lui sont bien connus ; en des jours déjà lointains, il a joui lui-même de ce bienfait. L'enseignement chrétien, dont Innocent V fut un si glorieux représentant, sera toujours fécond, si l'on sait en garder les souvenirs et les fruits.

L'école apostolique, dirigée par les
RR. PP. Jésuites, vient s'agenouiller devant l'image du Bienheureux : de quelles
bénédictions n'a-t-elle pas dû être com-
blée ?

Dix heures. Monseigneur fait son entrée
solennelle en *cappa magna*, accompagné
de ses vicaires généraux, de son secrétaire. Très imposant le cortège formé par
les religieux ! Nous reconnaissons dans
le défilé : le T. R. P. Motte, recteur de
Saint-Acheul. le T. R. P. Erhmann, recteur
de la Providence, M. le Supérieur du
Petit Séminaire de Saint-Riquier, plusieurs
chanoines et curés de la ville, le T. R. P.
Bruno, le T. C. F. Directeur des Ecoles
Chrétiennes du pensionnat Saint-Joseph.

Monseigneur tient chapelle pontificale
à la grand'messe. Il est assisté de M. Fran-
queville, vicaire général, et de M. le chanoine Friant, curé de la paroisse Saint-
Jacques, sur laquelle est situé le couvent
des Dominicains. Auprès du trône prennent
place M. le vicaire général, Deschamps,

maitre des cérémonies et M. le chanoine Guignot, secrétaire particulier de Monseigneur.

La messe est célébrée par M. Dely, vicaire général. MM. les vicaires de Saint-Jacques remplissent les fonctions de diacre et sous-diacre. Des séminaristes font acolythes et portent les insignes épiscopaux.

Le chœur nous fait entendre la messe de Sainte-Cécile de Gounod. L'œuvre du maître est incomparable par elle-même : quelle impression ne produit-elle pas, chantée par des voix qui ne vibrent que pour Dieu !

Le R. P. Folghera, professeur de philosophie, un virtuose que Flavigny a bien voulu prêter pour quelques jours, nous ravit par les mélodies grégoriennes. Elles ne ressemblent en rien au plain-chant de nos églises, elles font rêver des harmonies célestes.

A l'heure du dîner, Monseigneur préside la table monastique. Il est entouré de

ses vicaires généraux, titulaires et hono-
raires, de M. le chanoine Outhenin-Cha-
landre, de MM. les curés de Saint-Jacques,
de Saint-Remy, de Saint-Martin, de Saint-
Honoré, de Saint-Roch, de plusieurs chanoines et ecclésiastiques, des supérieurs
de communautés de la ville.

Nos regards se portent sur le tableau
d'Innocent V, qui resplendit au milieu du
groupe des Saints et des Bienheureux,
ses contemporains du couvent de Saint-
Jacques, de 1218 à 1270.

Qui songe qu'à Paris vis-à-vis du Pan-
théon, sur le vaste emplacement formé par
les rues Saint-Jacques, Soufflot, Cujas,
boulevard Saint-Michel, se dressait avant
la Révolution, un célèbre couvent, asile
des saints et des savants ? Quelle rayon-
nante phalange ? Lisez ces noms : S. Dominique, S. Thomas, le B. Réginald, le B.
Mannès, frère de S. Dominique, le B. Bertrand de Garrigue, le B. Jourdain de Saxe,
le B. Gilles de Santarem, le B. Albert
le Grand, le B. Ambroise de Sienne, le

B. Augustin, le B. Mathieu de France, le
B. Jean le Teutonique, le B. Michel de
Fabra, le B. Laurent d'Angleterre, le
B. Henri de Cologne, le B. Hugues de
Saint-Cher, le B. Humbert de Romans, le
B. Jean de Verceil. Quel livre d'or peut
être comparé à celui de ces origines ?

Le P. Prieur se lève et remercie Monseigneur et les invités qui entourent Sa
Grandeur. Non-seulement, dit-il à Monseigneur, Votre Grandeur a voulu prier avec
nous le Bienheureux Innocent V, mais
Elle a bien voulu accepter de chanter la
nouvelle gloire qui rejaillit sur l'Ordre de
S. Dominique. D'ailleurs, à qui revenait,
sinon au premier Pasteur du diocèse, de
clôturer ces fêtes en l'honneur de l'Archevêque de Lyon et du Pape Innocent V ? Ce
n'en est pas moins un surcroît de fatigue
pour Votre Grandeur. Nous tâcherons de
le lui faire oublier par un surcroît de
respect, de dévouement et de reconais-
sance.

Monseigneur répond qu'il ne sait rien

refuser aux aimables invitations du R. P.
Prieur. Payer un tribut de louange au
saint archevêque, au grand pontife Innocent V, dont la figure revit en celle de
Léon XIII, avec les mêmes dons de sainteté, d'intelligence, de prudence pacifica-
trice, était pour lui un devoir et une joie.
Il forme les mêmes vœux que le R. P. Prieur,
en y joignant ses souhaits de prospérité
pour la grande famille dominicaine.

La chapelle, qui a vu passer, depuis
trois jours, tant de religieux et de religieuses de divers ordres, tant d'ecclésiastiques des campagnes et de la ville, tant
de chrétiens de tout âge et de toute condi-
tion, se trouve encore trop étroite pour
l'heure des vêpres et du sermon : combien
souffrent de ne pouvoir y pénétrer !

La voix d'un fils de S. Dominique avait
loué le moine, la voix d'un fils de S. François avait chanté l'amitié de Pierre de Tarentaise et de S. Bonaventure : il appartenait
à une parole épiscopale de glorifier l'illustre Pontife.

Au XVIIe siécle, dans les fêtes de béatification de S. François de Sales, dont nous évoquions tout à l'heure le souvenir, Mgr François Faure, évêque d'Amiens, avait célébré les vertus de l'évêque de Genève. Quelle parole, aussi bien que celle de notre évêque pouvait payer un tribut de louange à l'archevêque de Lyon et au pape Innocent V !

« La prudence, dit Mgr Dizien, m'eut peut-être conseillé de laisser à des voix plus éloquentes et mieux préparées le soin de célébrer dignement le Bienheureux ; le cœur a été une fois de plus téméraire... » Puissiez-vous, Monseigneur, avoir encore de ces témérités ! Notre reconnaissance ne sera égalée que par notre religieuse admiration.

Le texte est d'autant plus heureusement choisi qu'il est moins cherché : Voici un Pontife qui, pendant les jours de sa vie mortelle a été agréable à Dieu et qui a été déclaré saint.

Trois choses sont réclamées du Pontife:

la sainteté, la science, le gouvernement.

Pierre de Tarentaise fut un saint. Elevé dans le couvent de S. Jacques, où des saints enseignaient des saints, il se prépare, sous l'influence de la discipline religieuse, à la mission que lui confiera Grégoire X de diriger l'Eglise de Lyon. « Par les saints exemples de vos vertus, dit le Pape au nouvel archevêque, et par l'enseignement de votre doctrine, vous serez pour tous ceux qui entrent dans la maison du Seigneur la lumière et la vie ».

Pierre de Tarentaise fut un homme de science. Ses nombreux et savants ouvrages en sont la meilleure preuve, et, à côté de l'Ange de l'école, dont le génie, le plus grand peut-être, illumine encore les questions les plus obscures, nous saluons avec transport celui qui fut son émule et son ami.

Pierre de Tarentaise fut un homme de gouvernement. Grâce à sa prudence, voici qu'en moins de deux ans, toutes les difficultés de l'Eglise de Lyon sont aplanies, et quand il est élevé au sommet de la hiérarchie, quand il est proclamé Souverain Pontife, il s'inquiète aussitôt des peuples d'Italie qui sont en lutte, des droits du Saint-Siège qui sont violés, de l'audace musulmane qui menace l'Occident. Son grand cœur ne tremble pas : avec le secours du ciel, il entreprend de remédier à tous ces maux. Mais Dieu, dont les desseins sont impénétrables, rappelle à lui presque subitement son vaillant serviteur, après cinq mois seulement de règne.

Monseigneur termine son magnifique discours par un hommage ému et ardent à Léon XIII, en qui revivent les vertus et les talents d'Innocent V.

Un splendide salut couronne ce *Triduum* qui nous a permis de constater une fois de plus, selon l'expression de Monseigneur, avec quel empressement la cité d'Amiens, si accessible aux nobles sentiments, si sensible aux gloires qui touche l'Ordre dominicain, sait répondre à de religieux désirs.

La belle *cantate*, composée par le R. P. Blais, mise en musique par M. Calcagny, organiste de la chapelle du couvent, fait tressaillir encore toutes les âmes. On se retire avec cette impression : que rien n'est bon comme vivre dans la société des saints et près du Dieu qui fait les saints.

François ROHAULT,
Aumônier des Sœurs de l'Espérance.

DISCOURS

DU T. R. P. VALLÉE

des Frères Prêcheurs

Mes Révérends Pères,

Mes Frères,

J'ai à vous parler du grand moine que fut le bienheureux Innocent V. Il a été sur la fin de sa vie, appelé à tous les honneurs dont l'Eglise peut accabler ou glorifier l'un de ses fils. Comment il y a fait très grande figure, on vous le dira demain et après-demain.

Aujourd'hui j'ai à vous raconter la vie du religieux, depuis la minute où

Dieu l'appela jusqu'au moment où l'Eglise s'emparant de toutes ces forces amassées en son âme, va lui demander de les mettre au service de tous. Pierre de Tarentaise. le bienheureux Innocent V, est né en 1225 d'une famille noble de Savoie. C'était l'habitude à cette époque où la foi dominait toute vie, que l'enfant, dès le commencement, fut placé sous l'influence du Christ. Quand un membre de sa famille était consacré à Dieu, c'était à lui qu'on le confiait. Il en arriva ainsi pour saint Dominique et pour saint Thomas d'Aquin ; il en fut de même pour Pierre de Tarentaise. Un de ses oncles était chanoine à la cathédrale de Tarentaise ; on lui confia l'enfant : il n'avait que cinq ans.

Quelques années après nous le retrou-

vons à Paris. Il a été pourvu d'un cano-
nicat dont les bénéfices devront servir à
l'entretenir pendant ses études, et on l'a
amené à Paris pour lui faire suivre les
cours de l'Université.

L'un des nôtres exerçait alors une
action prodigieuse sur la jeunesse des
écoles. Les maîtres de l'Université
tremblaient quand ils le savaient là.
Dans leur colère, ils l'avaient surnommé
« la grande courtisane » du temps. Pourquoi donc ? C'était étrange : on ne pouvait le voir, et surtout on ne pouvait
l'entendre, quand on était jeune, quand
on avait l'ambition de faire quelque
chose de sa vie, on ne pouvait l'entendre
sans sentir toute son âme portée comme
à niveau de la sienne et, généralement,
on devenait sa proie. Nos vieilles chro-
niques racontent qu'il a fait entrer dans

l'Ordre, durant les quelques années où il y a vécu (car il a vécu peu de temps) un millier de jeunes gens. Et ce n'étaient pas seulement des jeunes qui venaient à lui. Parfois les vieux professeurs eux-mêmes sentaient que tout ce qui avait rempli leur vie jusque-là devenait caduc, ne signifiait plus rien. D'autres horizons s'étaient levés. Dieu avait parlé trop haut ; il les prenait tout entiers et ils s'en allaient où ce Dieu, tout bas, leur disait qu'il fallait aller.

Un jour soixante novices furent revêtus de l'habit par le bienheureux Jourdain de Saxe ; c'était le nom de ce preneur d'âmes. Parmi eux se trouvait Pierre de Tarentaise. Plusieurs n'étaient que des enfants ; Pierre de Tarentaise avait dix ans à peine. Ce fut comme un scandale, même chez les religieux. Ils se

disaient : « ces enfants savent à peine
« lire ; c'est toute une éducation à faire ;
« ce sera une charge écrasante. Pour-
« quoi le Père agit-il ainsi ? » Et le
Père leur répondit : « Ne méprisez pas
« ces petits : vous verrez comme leur
« parole sera puissante, vous verrez
« comme ils seront bénis. Je vous le
« dis en vérité, au nom de Dieu, il y en
« aura parmi eux qui nous vaudront
« plus de gloire que les plus acclamés
« de l'heure présente. » Et Pierre
de Tarentaise était de ceux sur la tête
desquels passait la prophétie du Bienheureux.

Vous me direz que tout de même c'est
étrange, à dix ans, en pleine inconscience de ce qu'est la vie, d'entrer au
couvent, d'engager son existence entière ! Les gens du monde, ceux qui ne

savent plus Jésus-Christ, ceux qui ont
brisé avec lui pour suivre ce qu'ils
appellent la liberté, crieront volontiers
au scandale : évidemment on touche à
un domaine sacré ; on abuse de l'enfant ;
on fait une œuvre inique. Il faut aller
au secours de cette liberté qu'on op-
prime.

Messieurs, regardez bien à ce que
portent en eux ces gens si secourables
et, je vous en prie, défiez-vous de ces
pitiés dont ils menacent l'enfant.

A côté de ceux-là, il y en a d'autres,
croyants il est vrai, mais qui vivent
trop au contact de ceux qui ne savent
plus rien de nous et qui prennent trop
souvent leurs idées chez l'ennemi. Eux
aussi s'inquiètent ; ils savent la misère
qui est en nous et ils se disent : « Qui
sait si demain, si après-demain, dans

des années peut-être, qui sait si cette misère ne s'éveillera pas dans ce petit être? Qui sait si des problèmes trop lourds ne seront pas posés à son esprit, à sa volonté surtout ? » Messieurs, je comprends que lorsqu'on vit trop près de ceux qui ont le goût de la défaite, on ait de ces angoisses. Mais quand on prend le contact des saints, on est tout de suite rassuré : on sait que rien ne se passe en les âmes qui ne s'appuie à la grâce de Dieu : on sait que sa Providence veille et qu'elle est toujours paternelle : on sait le rêve formé par lui à notre endroit. Au fond, la lutte contre le monde et ses redoutables séductions n'est que le premier pas. Plus haut que tout cela il y a Dieu qui veut être conquis par nous. Et alors, dites-moi, si c'est là le dernier mot de la pensée de

Dieu sur nous, si de telles ascensions de notre âme sont bien dans sa volonté, croyez-vous qu'il n'est pas bon d'y pen- ser de bonne heure ? Croyez-vous qu'il ne rentre pas un peu dans la providence de celui qui nous aime ainsi de nous prendre quand il le veut, de nous prendre avec toutes les virginités de notre âme, avec toutes les fraîcheurs de notre imagination, de prendre cette âme d'enfant qui ne sait rien de la vie, c'est vrai, mais qui, par cela même, se trouve d'autant plus disponible pour entendre tout ce que Dieu a préparé pour elle dès les siècles ? Comme ils vont se com- prendre, l'enfant que rien n'a troublé dans sa vie, qu'aucune ténèbre n'a en- vahi encore, et le Dieu qui le cherche, ce Dieu qui est toute clarté, toute vérité !

C'est pour cela que le bienheureux

Jourdain était si hardi. Il prenait ces petits enfants comme par brassées, soixante d'un coup ! et il les faisait entrer dans son Ordre, sûr que Dieu ne leur manquerait pas.

C'était un milieu singulièrement riche, d'ailleurs, que celui ou il les faisait entrer. L'Ordre avait été fondé en 1216, et nous sommes en 1235. Quelques points de la règle avaient déjà été fixés, mais si ferme qu'en fut le dessin, on peut dire que les lignes flottaient un peu, à ne regarder qu'aux textes qui les précisaient. Mais si l'on ne s'en tient pas à la lettre, si l'on va jusqu'aux âmes, on s'aperçoit vite que la sève y éclatait vivante et puissante : c'était l'âme même du Père Dominique qui planait sur ce milieu et en était la loi.

L'âme de Dominique ! c'est une envahie du Christ. Du commencement à la fin, il est sous la prise du Maître adoré, et sa vie n'est qu'un long effort et une longue prière, et si ardente! pour tout entendre du mystère du Christ. A la prière il ajoute l'étude. Il avait pourtant fait des études singulièrement approfondies à Palencia. Sa vie entière, il les continuera ; même sur les grands chemins de France ou d'Italie, il a toujours en mains l'Evangile de saint Mathieu ou les Epîtres de saint Paul.

Pourquoi ? C'est que le mystère du Dieu Incarné l'attire, le passionne. Quand il a comme épuisé sur lui toutes les activités de sa pensée, désespérant d'aller plus loin, incapable pourtant de maîtriser le mouvement qui l'emporte, il s'efforce à y pénétrer par des activités nouvelles. Il va aimer le Christ comme il en a été aimé. Il a été aimé jusqu'au sang ; il aimera lui aussi, jusqu'au sang et, toutes les nuits, à trois reprises il se déchire les épaules, parce que, dit-il, il faut qu'il expie ses propres péchés, il faut aussi qu'il expie pour ceux qui souffrent au Purgatoire et pour les pêcheurs qui sont en ce monde. Comme celle du Crucifié, sa charité s'étend au monde entier. C'est qu'il l'a bien compris le Crucifié ! c'est qu'il sent que là-bas, en ce ciel qui l'a repris, la même passion est demeurée en lui. Il veut que la race humaine soit sauvée, soit réintégrée en l'héritage. Et Dominique se prend à le vouloir comme lui. L'âme de Dominique, c'est une flamme qui jamais ne s'éteint : c'est une parole de feu qui passe sur les âmes et les incendie.

Voilà ce que fut notre Père. Il fut

dans son âme comme dans son corps
la proie du Crucifié. Et il a rêvé qu'il
aurait des fils semblables à lui, pris
comme lui de passion profonde pour
Dieu. Et, de fait, ses premiers fils furent
ainsi. Ceux qu'il envoya fonder le couvent de St-Jacques seront tous béatifiés
par l'Eglise. C'est son frère, le bienheureux Mannès ; c'est Mathieu de France ;
c'est Bertrand de Garrigue, Laurent
d'Angleterre, Jourdain de Saxe, Henri
de Cologne, Réginald d'Orléans : tous
seront béatifiés. Le Christ les tient
comme il tînt leur Père, en la même
sainteté pleine, en la même passion
divine. Ah ! Jourdain de Saxe avait
raison : sachant où il introduisait ces
petits, il faisait bien de ne pas trembler,
de ne pas s'inquiéter du lendemain pour
l'âme de ces premiers nés. La vertu de

Dieu serait sur eux : la flamme de la divine charité avait passé du Père aux fils. En ces âmes neuves elle serait souveraine.

De fait, c'était bien la vie du Père qu'on vivait dans ce couvent de St-Jacques ; c'était la même vie de prière et d'oraison. Quand on venait demander un religieux pour un ministère quelconque, le Frère portier n'avait pas l'idée d'aller le chercher ailleurs qu'à l'Eglise : il devait y être en prière. Et comment voulez-vous qu'un être qui a la foi, qui sait le don du Christ, du Fils de Dieu fait chair et crucifié, puisse vivre sans prier ? si je sais que Dieu me « cherche », comment ne pas venir à lui ?

Eh, mes Pères, est-ce que nous n'avons pas connu, vous et moi, de ces

âmes en qui la prière ne se tait jamais
et qui, dès le matin, disent à Dieu :
Seigneur, puisque vous m'accordez de
vivre cette journée, que ce soit pour
vous aimer ; mais si je ne dois pas vous
aimer, Seigneur, faites-moi mourir.
Est-ce que nous n'avons pas vu certains
des nôtres si bien envahis par le Christ
qu'il leur fallait tout quitter, descendre
au chœur, et connaître ces mystérieux
colloques qui tout à coup donnent un
sens si profond et si autre à la vie. Je
me souviens qu'au temps de notre noviciat, c'était notre joie de surprendre
notre maître des novices caché derrière
l'autel, la tête appuyée au tabernacle,
et tout perdu en Celui qu'il aimait. Sa
figure habituellement sévère était alors
d'une sérénité merveilleuse ; tout son
être semblait devenu une prière, et

rien qu'à l'approcher nous en ressentions comme une bénédiction de Dieu.

Oui, oui, ceux qui croient, ceux qui savent le don de Dieu, ceux-là ne peuvent pas ne pas prier sans cesse. Le ciel s'est ouvert sur eux, leur âme ne cesse pas d'y regarder.

Ce n'étaient pas seulement des hommes d'oraison, c'étaient des hommes d'étude, et, mes Frères, ceux qui ont mené leur pensée jusqu'au bout d'une science humaine, savent qu'il n'y a pas de joie pareille à celle-là ; mais pour la conquérir, cette joie, Dieu sait les sacrifices qu'il faut connaître, les silences, les recueillements, les activités jamais lassées en lesquels il faut vivre. C'est bien autre chose quand il s'agit du problème divin. Des clartés peuvent se faire, les ténèbres s'évanouissent peu à peu ; il y a pourtant un moment où le mystère se dresse, attirant plus que tout parceque c'est l'excès même de clarté qui le fait impénétré, inaccessible pourtant parceque son infini dépasse la portée de notre esprit et lui échappe.

Et tout près du mystère, le Maître venu pour le dire ! Il faut se tenir près de lui, l'écouter avec toutes les sincérités et toutes les ardeurs de son âme. Dieu merci, c'est la tradition de notre ordre : elle a été vécue depuis sept siècles bientôt, et j'espère que nous lui resterons fidèles jusqu'à la fin.

Aussitôt que la Messe était finie, nous dit Galuagni della Flamma, l'un des premiers chroniqueurs de l'Ordre, tous les Frères, au premier son de la cloche, se rendaient au cours Le Provincial lui-même et les Prieurs n'en étaient pas dispensés. C'était bien le rêve de Dominique réalisé. Vous savez que son premier acte à Toulouse avait été de mener ses fils aux leçons des Maîtres de l'Université. Il les voulait avides de science divine. C'était l'héritage qu'il entendait leur laisser. Ah ! les Frères de St-Jacques étaient bien entrés dans cet héritage, et ils y portaient un cœur singulièrement vaillant et fidèle !

Puisqu'on acceptait les enfants de dix ans, il fallait évidemment organiser les études en conséquence. Tout d'abord on dut apprendre aux enfants à parler leur langue ; puis on leur enseigna la grammaire ; plus tard viendrait la rhétorique et, ce cycle achevé, l'heure serait venue d'affronter des questions un peu plus difficiles. Et tout d'abord la logique, l'instrument qui permettrait d'aborder les questions philosophiques ; puis la physique et la métaphysique d'Aristote, c'est-à-dire l'étude des mondes créés, à la fois dans les phénomènes tangibles qui nous les livrent et dans leurs causes, la cause suprême surtout. En même temps, on leur faisait apprendre par cœur l'Écriture Sainte. Ce n'était là qu'une étude préparatoire. L'exégèse viendrait plus tard. On savait combien, l'heure venue, ces textes sacrés entrés dans la mémoire devaient projeter de clartés sur les mystères de la théologie qui seraient livrés.

Les études ainsi organisées prenaient le jeune novice du jour où il prononçait ses vœux jusqu'à l'heure de l'action. C'était un temps absolument sacré. L'idée d'en diminuer la durée ne serait jamais venue. Protéger les études a été

la volonté continue, la plus formelle-
ment exprimée par tous nos Chapitres
généraux.

Après avoir suivi tous ces cours,
Pierre de Tarentaise devint à son tour
un maître en ce couvent de Saint-Jacques
que pendant trente ans il devait habiter
sans interruption. Ce qu'il fut comme
professeur, pour vous le faire connaître
je n'aurai qu'à vous dire la place occupée
alors par le couvent de Saint-Jacques
dans l'Université de Paris Ce couvent
en avait forcé les portes par la sainteté
et aussi par le génie de ses premiers fils.
Comme les autres maîtres ils avaient la
science ; plus qu'eux ils avaient l'accent
qui la rend vivante. Ces pauvres, ces
passionnés du Christ avaient une façon
d'entendre et une façon de dire qui sub-
juguait et passionnait la jeunesse. On

avait compris que de tels maîtres avaient droit d'enseigner et on leur avait concédé deux chaires de théologie. La théologie, la science suprême, avait alors tous les respects. Ce n'était pas l'œuvre de ténèbres, d'obscurantisme, tant affirmée par l'ignorance et l'inconscience de nos contemporains; c'était l'achèvement de toute science dans la lumière la plus haute. Elle représentait l'effort humain le plus puissant pour grouper d'une part tous les rayons lumineux qui peuvent jaillir des sciences humaines et éclairer d'en bas la face de Dieu, et d'autre part, les clartés, divines celles-là, apportées par la parole même de Dieu et par les commentaires que ne cessent d'en faire les âmes les plus hautes et les plus saintes. La théologie, c'était la synthèse la plus profonde, c'était la synthèse divine, autant que la terre la puisse comporter dans une âme d'homme.

Deux des chaires où l'on enseignait la théologie nous avaient donc été livrées. L'une était réservée aux religieux étrangers qui venaient de toutes les provinces de l'Ordre à cette Université de Paris, vrai soleil du monde à cette époque. Enseigner là, c'était la consécration suprême pour un maître. A côté de cette chaire des étrangers, il y en avait une autre pour ceux de la province : on l'appelait la chaire des Français. La première était alors occupée par saint Thomas d'Aquin. L'autre qui était évidemment sur le même pied, qui supposait les mêmes mouvements d'âme et de pensée, la même plénitude de science, fut confiée à Pierre de Tarentaise, et rien que cela vous indique ce qu'était devenu le petit enfant de dix ans introduit dans l'Ordre par Jourdain de Saxe et le rôle qu'il dut jouer au milieu des étudiants de cette époque.

Ce que fut en lui le professeur, nous le savons encore par les ouvrages qu'il a laissés. Il s'attacha d'abord aux questions philosophiques les plus abstraites et les plus difficiles. C'est la grâce traditionnelle de nos jeunes maîtres. Chaque génération s'y livre avec un élan superbe, une ardeur toujours renouvelée. L'effort et les conquêtes de ceux qui ont précédé ne font que préparer l'effort et assurer le succès de ceux qui arrivent. Mais toujours les questions demeurent posées ; le génie lui-même ne les épuise pas.

Pierre de Tarentaise aborda donc les

hauts problèmes de la philosophie. Il étudia la matière première, puis la forme, cette raison d'être de toute subsistance, de toute vie. Il composa un traité de l'intelligence et un traité de la volonté. Puis les questions théologiques le prirent. L'enseignement n'était alors qu'une longue explication du maître des sentences, Pierre Lombard Notre saint, à l'exemple de beaucoup de maîtres, rédigea son commentaire, et son travail, ce qui en prouve bien la valeur, resta longtemps comme un texte sacramentel pour les maîtres et les élèves. Les contemporains l'égalaient à ceux qu'écrivirent en même temps saint Thomas d'Aquin et saint Bonaventure.

Il fit aussi un travail fort approfondi sur les cinq livres du Pentateuque qui soulèvent tant de questions de science

et de doctrine. Puis il commenta saint
Luc et donna une explication des épîtres
de saint Paul. Evidemment ce n'est pas
une pensée banale que celle qui s'attaque
à tant de questions, et y laisse une trace
si lumineuse que ses écrits demeurent
en un temps où saint Thomas occupe
la scène et tient la jeunesse des écoles
toute frémissante sous les éclairs de son
génie.

Est-ce que cela nous dit tout ce qu'a
fait notre saint? Certes c'est une activité
singulièrement puissante que celle qui
se tient ainsi aux prises avec les problèmes vitaux de la foi et de la pensée
humaine, et qui l'oblige à les discuter,
à en affronter toutes les difficultés,
devant des esprits déjà trempés et
formés. Sur ces bancs des grandes
écoles, en effet, se trouvent des profes-

seurs déjà vieillis sous le harnais, venus là pour s'initier, sous la parole des grands maîtres, aux solutions définitives, qu'ils n'avaient ni le temps, ni le moyen de conquérir au fond de leurs couvents Ce sont des broyeurs d'arguments singulièrement puissants et redoutables que ces disciples, novices de quatre, cinq et six ans d'études, ou ces maîtres descendus de leur chaire et avides de la parole substantielle qui va tomber sur eux. Et c'était chose grande et de nature à mettre une joie étrange au cœur que d'achever d'asseoir la vérité au plus intime de ces âmes et d'en faire ainsi des témoins sûrs d'eux-mêmes, de magnifiques passionnés, qui demain iraient jeter ces clartés radieuses au pays tout entier. Quelle mission pour un cœur de prêtre, et quelle joie de grouper autour de soi pendant des années une telle jeunesse !

Et pourtant cela ne suffit pas pour apaiser la soif d'apostolat de ces grands cœurs. Qu'un jour les portes de leur école s'ouvrent sur le monde et ceux qu'il tient captifs. Devant ces âmes qui savent peu ou qui savent mal, qui ont fléchi peut-être, qui ont péché contre Dieu parce qu'elles ignorent tout de lui, croyez-vous que la lave longtemps contenue ne va pas faire irruption ? Croyez-vous que les divines pitiés ne vont pas s'éveiller ? Croyez-vous que le Verbe de vie ne va pas jaillir ? Cela, ce fut l'histoire du grand prêcheur qui fut Thomas d'Aquin ; ce fut l'histoire aussi de Pierre de Tarentaise. Sa parole était entraînante, toute lumineuse, toute ardente. Les sujets même abordés par lui nous révèlent bien le mouvement de son âme. C'est de Jésus-Christ surtout qu'il parle, comme en ses sermons de l'Avent et des fêtes de Noël qui nous ont été conservés, et c'est Madeleine, saint Jean, saint Paul, ces glorieux passionnés du Christ, dont il se plaît à célébrer la Sainteté.

On devine ce que devait être l'accent de notre saint aux prises avec de tels sujets. Il fut l'un des hommes les plus éloquents de son temps. Et ce fut cette réputation même qui attira sur lui, à sa grande stupeur, toutes les dignités de l'Eglise, et le fit sacrer par le Pape archevêque de Lyon d'abord, puis cardinal et évêque d'Ostie.

J'ai parlé longuement du professeur et de ses fortes études, parce que, au fond, mes Frères, c'est ce qui donne à notre Ordre sa physionomie vraie. Nous sommes l'Ordre des Prêcheurs, et la parole des Fils de Dominique comme une flamme ardente embrase les âmes depuis des siècles. Mais si passionnée que soit cette parole, si personnel qu'en soit l'accent, croyez-vous qu'elle eût suffi à faire vivre l'œuvre du Père ? Quand Jésus-Christ envoya ses apôtres au monde, il les remplit sans doute de sa charité et fit passer sur leurs lèvres le charbon ardent mystérieux qui fait les prophètes, et assurément ce fut une forte et puissante parole que celle de ces humbles. Mais ce qui a donné la durée, ce qui assure l'éternité à leur œuvre, ce n'est pas l'accent plus ou moins souverain de la parole en chacun d'eux ; c'est avant tout la plénitude de science divine qui la soutenait. Quand Dominique

reçut de Dieu ses premiers fils, lui aussi
voulut que la science, aux formules
nettes et précises, vivifiât leur parole.
Et si notre histoire n'a pas trop fléchi
au cours des siècles, sans doute les
Prêcheu.s y furent pour beaucoup. Leur
éloquence a jeté un éclat incomparable.
Mais avec l'accent des orateurs de génie
et même des saints, tout frémissant de
vie peut-être, mais si terriblement personnel, eût-on fait vie qui dure ? eût-on
fait la tradition glorieuse qui garde les
fils semblables aux Pères ? Enlevez de
notre histoire Thomas d'Aquin et cette
pléiade merveilleuse, jamais interrom-
pue, de moines ensevelis dans l'ombre
et le silence de nos couvents, dont la
vie entière, absorbée par l'étude, fut
consacrée à maintenir et à développer
la doctrine, et dites-moi ce qu'elle serait

devenue cette histoire. Ah ! pour ma part, je salue très bas, aux siècles passés comme aux jours présents, ces grands recueillis, j'allais dire ces grands sacrifiés. Sans eux il y a longtemps que notre devise eût perdu toute raison d'être. Il fallait que, grâce à eux, nous fussions, sans trêve ni défaillance, l'Ordre de la Vérité pour que nous pussions continuer d'être l'Ordre des Prêcheurs.

Il me reste à vous dire l'homme de gouvernement que fut notre Bienheureux. En 1262, ses Frères crurent qu'il n'était pas bon de laisser ainsi dans l'ombre de sa cellule ce religieux au cœur si grand, et si bien doué d'ailleurs pour toutes les activités saintes qui doivent remplir notre vie. On en fit le chef de la Province de France. Ce n'est jamais une sinécure. Chaque année il faut visiter tous les couvents, et la Province de France en comptait alors quarante-cinq, établis sur tous les points du territoire. Et c'est après trente ans de quasi-solitude que cet habitué du silence allait commencer cette vie. Comme les saints, il ne crut pas qu'il eût le droit de se dérober devant la volonté de Dieu. Il fallait renoncer à tout, à ses livres, à ses disciples, aux questions d'école qui l'avaient tant passionné. Il entra dans cette vie nouvelle avec un oubli absolu de lui. Mais s'il voulait faire la volonté de Dieu pour son propre compte, il entendait bien que ses fils la feraient comme lui. Les grands chefs, ceux qui ont le don. ceux qui sont vraiment faits pour commander, ont horreur du mouvement banal et routinier. Vrais entraîneurs de volontés, ils font tout à leur image autour d'eux. Pierre de Tarantaise n'entendait pas que ses couvents fussent peuplés de moines quelconques. Il les voulait de la grande race. Il les voulait, au dedans, pris tout entiers par le silence, l'oraison, la vie grave et austère, l'étude, la passion pour ce mystère du Christ qu'ils avaient à prêcher, à révéler à tous. Il les voulait, au dehors, intelligents des questions qui agitaient leurs contemporains et capables d'aider les esprits en travail et de hâter les solutions. Au fond, il les voulait pleins de sève, pleins de vie, comme l'avait été notre Père saint Dominique, et, comme lui, pleins de pitié attendrie pour ceux que les ténèbres ou le péché tenaient captifs. Dominique avait rêvé que ses fils seraient des « donneurs de vie ». Notre Bienheureux mit toute son ambition, employa toute son autorité et toute son énergie à faire de ce rêve une réalité.

Son grand secret pour cela fut celui des vrais saints, celui qui avait fait surnommer Dominique le « doux Père ». Il fut bon, bon comme Dieu, avec ses patiences ei ses ineffables tendresses. Nous en trouvons la révélation, à l'honneur de ses fils autant qu'au sien propre, dans ce double fait que je veux vous dire. En 1267, ceux qui l'avaient connu aux Etudes, désolés d'être privés de lui depuis cinq ans, supplièrent le Chapitre de Bologne de le leur rendre. Le Chapitre céda. Il releva le Bienheureux de sa charge de Provincial et le renvoya comme premier régent des Etudes au couvent de Saint-Jacques. Il y remplaçait Thomas d'Aquin que le Souverain

Pontife venait de rappeler à Rome.
Mais deux ans après, au Chapître Général
de Paris, la Province de France le réclamait à son tour avec tant d'insistance
que les définiteurs relevaient son successeur de sa charge et permettaient
ainsi sa réélection.

Evidemment, celui qu'on se dispute
ainsi, dont on veut à tout prix le commandement, devait être bon comme je
l'ai dit. Cela ne l'empêchait pas cependant d'être ferme quand il le fallait. Je
n'ai pas à interpréter sa pensée sur ce
point. Je la trouve exprimée par lui-
même dans une lettre que, devenu Pape
depuis quelques mois, il écrivait en
1276 à nos Pères, au Chapître Général
de Pise. Fils de l'Ordre, il l'était certes
toujours celui qui parlait de la sorte! Il
indiquait les résolutions à prendre par

les Pères : « Ne faites pas de petits couvents, leur disait-il ; nos observances sont trop nombreuses et trop lourdes pour qu'on puisse y suffire avec un petit nombre de religieux. Avec de petits couvents, nécessairement les lassitudes se produiront ; on verra les volontés fléchir, se décourager peut-être, et alors, alors les observances en subiront le contre-coup. On cherchera le moine trempé, bronzé par ces observances, et l'on ne trouvera plus qu'un homme quelconque. Il ajoutait encore (que les novices ne s'émeuvent pas de ce que je vais dire), il disait donc : quand des novices se présenteront à vous, soyez sévères (je suis sûr qu'on l'a été), soyez sévères parce qu'il faut que ceux que vous appellerez à notre Ordre aient toutes les aptitudes que notre vocation exige. Il faut qu'ils aient l'âme assez forte pour vivre dans le silence et les recueillements continus ; il faut qu'ils soient des hommes d'étude ; il faut qu'ils puissent porter le poids des observances ; il faut qu'ils aient de la volonté, une belle et fière volonté qui n'aura peur de rien ; il leur faut enfin les enthousiasmes saints de l'apôtre. Tout cela suppose des êtres d'exception, des âmes d'élite. Défiez-vous de ceux qui ne pourraient comprendre ; ils tomberaient vite lassés sur le chemin. En tous les groupes humains, mes Frères, il y a toujours danger que certains ne vivent pas tout-à-fait à niveau de l'idéal qui semble les avoir attirés. Eh ! oui, il y a des magistrats qui n'incarnent pas toute la majesté de la loi ; il y a des soldats qui n'ont pas toujours au cœur assez de feu sacré. C'est le danger pour nous aussi, et c'est pour cela que le saint disait : gardez-vous des moines que l'idéal ferait trembler. Il disait encore : si des défaillances se produisent, si les volontés baissent, si l'on pèche contre la règle, n'ayez pas le pardon trop facile. Le régime du pardon est dangereux pour la race que nous sommes. Et il écrivait ce mot vigoureux : *insolentes puniat* (1) ; il faudra punir les insolents, et par ce mot il entendait, dans sa grande âme de moine, ceux qui ont touché aux observances nées du cœur du Père et qui devraient demeurer sacrées pour ses fils. Ces insolents, disait-il, il faut

(1) Vestra correctio non ignoscat, nec ipsorum excessibus vestra indulgeat disciplina, sed.... sic virga corripiat et baculus puniat insolentes, ut culpis eorum salubri providentiâ castigatis, interiorem in ipsis hominem consolentur.

qu'on les punisse. Mais pourquoi ? est-ce que tout-à-coup il est devenu l'être aux instincts cruels, barbares, que nous connaissons tous en nous ? Non pas ! c'est toujours le saint, c'est toujours le vrai passionné du Christ. Mais écoutez l'explication : punissez-les, dit-il, afin de les ramener à toutes les choses saintes qui s'étaient endormies en eux. Dieu les attend. Il fera revivre en eux la grâce de leur vocation. Quand une grâce est tombée du cœur de Dieu sur un être humain, elle peut toujours s'y réveiller. L'homme intérieur va se ressaisir sous le châtiment. Et il finissait par ce mot digne d'un saint : *consolentur* : ils seront consolés.

C'est ainsi que notre Bienheureux comprenait le pouvoir et savait l'exercer. Punir pour guérir, pour sauver ; tenir bon, tenir ferme, mais pour réintégrer dans la vérité, dans la sainteté ceux qui seraient menacés d'en sortir. Pour cela, il faut du courage sans doute : il faut surtout de la charité.

Je m'arrête, mes Frères. On vous parlera encore de notre Bienheureux demain et après-demain. On vous dira l'archevêque, puis le cardinal qui, en deux ans, fit de si grandes choses ; on vous dira le Pape aux résolutions généreuses et aux vastes desseins. En vous révélant aujourd'hui la sainteté de son âme, je vous ai déjà fait pressentir toutes ces gloires.

O Bienheureux Innocent, donnez-nous de mener notre vie de moine dans les lignes qui furent les vôtres, sous les mêmes passions saintes, comme vous tout pris par Dieu, comme vous la proie du Christ ; donnez aux chefs d'aimer tout ce que vous avez aimé et d'être bons comme vous ; donnez aux Religieux d'être fidèles comme vous l'avez été ; donnez à tous la sincérité et la flamme qui fait les Apôtres écoutés ; donnez aux novices le plein sens de la grâce qui les a introduits parmi nous, et le respect et le culte passionné de cette grâce ; donnez à tous ceux qui sont là, qui sont venus, tout émus, vous glorifier avec nous, d'aimer le Christ et de le servir comme vous l'avez servi et aimé. Obtenez-nous à tous la grâce qui fait les saints.

DISCOURS

DU T. R. P. BRUNO

des Frères Mineurs Capucins

Mes Révérends Pères,

Mes bien chers Frères,

Le 14 juillet de l'an 1274, dans la ville de Lyon, pendant la durée de ce Concile fameux réuni par ordre du Pontife Grégoire X, c'était grand deuil dans la famille des Frères mineurs: Bonaventure rendait son âme à Dieu ; Bonaventure créé Cardinal par ce même Pape dont je rappelais tout-à-l'heure le souvenir, Bonaventure qui fut l'une des colonnes de la Sainte-Église de Dieu, une des lumières qui, par leur éclat, éblouissaient alors les regards, et le Pape voulut donner des témoignages non équivoques des sentiments qui remplissaient son âme, car, au soir des funérailles, lui-même présida, assisté par les Péres du Concile.

Le lendemain, une messe solennelle est chantée, un prêcheur monte dans la chaire de vérité, c'est Pierre de Tarentaise, archevêque de Lyon, élevé depuis peu à une dignité plus grande, évêque d'Ostie, cardinal, doyen du Sacré Collège. Il monte et, de ses lèvres, sortent ces mots : « *Doleo super te, frater mihi Jonatha* : ô Jonathas, mon frère, mon ami, mon bien aimé, je pleure sur toi ». Et l'histoire nous raconte que, bientôt, emporté par son cœur qui parle plus

encore que ses lèvres, ce ne sont plus
des mots qu'il laisse sortir de sa poitrine,
ce sont des soupirs, des gémissements,
des sanglots: le Pape lui-même pleura.

Bonaventure, Pierre de Tarentaise,
figures belles, sublimes ! Que j'aime,
mes Très Révérends Pères, à les saluer
pendant ces fêtes en l'honneur de votre
Frère, de ce Frère, Pierre de Tarentaise,
devenu le bienheureux Innocent V ;
leurs cœurs battaient à l'unisson, leurs
âmes furent remplies d'un même senti-
ment d'amour pour Dieu, une science à
peu près égale illuminait leur intelligence, mais quelle charité surtout dans
ces cœurs tout brûlants des ardeurs
divines. Ils s'aimaient ; c'étaient de ces
âmes qui se comprennent, qui se saisis-
sent, qui se compénètrent, pour ainsi
dire. Et pendant tout le cours de leur

existence, Dieu les plaçant côte à côte
semble vouloir les léguer aux enfants
de Dominique, et aux fils de François
d'Assise comme de nouveaux modèles
qui viennent rajeunir cette union si
belle des premiers-nés du descendant
de Guzman avec les enfants de Pierre
Bernardone.

Merci, mes Révérends Pères d'avoir
appelé l'un des nôtres à prendre ce soir
la parole pour chanter quelques-unes
des grandeurs du bienheureux Innocent V ; oui, c'est une joie pour un
enfant de François d'Assise de se trouver
au milieu des fils de Dominique et de
clamer, du fond de son cœur, la parole
tant de fois redite, à travers les âges :
« *Ecce quam bonum et quàm jucundum
habitare fratres in unum :* Qu'il est bon,
qu'il est doux de voir des frères demeurer
ensemble ! »

Hier au soir, mes bien chers Frères, une voix éloquente a retracé la sainteté intime du religieux, sa science merveilleuse, sa piété profonde, son désir de voir ses enfants, novices ou professeurs, marcher dans le double chemin de la sainteté et de la science. Ce soir, nous entrerons dans un sujet plus intime, si vous le permettez et, puisque l'histoire a placé vis-à-vis l'une de l'autre ces deux figures aimées : Pierre de Tarentaise et Bonaventure, je me propose, pendant quelques instants, non pas de vous donner un discours savamment agencé, mais de vous faire toucher du doigt ce qu'il y a de beau, de réconfortant dans une amitié sainte et en particulier dans cette amitié de Pierre de Tarentaise et de Bonaventure, en même temps que dans ces liens étroits qui ont toujours rattaché, à travers les âges, et les fils de Dominique et les enfants de François d'Assise.

Elevé aux honneurs du pontificat suprême, le Bienheureux Innocent V recommandait à ses fils de ne pas tout donner à la science, de ne point laisser décroître leur ferveur, c'est-à-dire leur amour brûlant. Dans l'oraison par laquelle l'Église chante les grandeurs de François d'Assise, il y a ces mots : « *Domine Deus qui, refrigescente mundo....* ». « Seigneur qui avez voulu donner François à la terre à l'heure où le monde se refroidissait ». Vous savez, la froideur, celle surtout d'un égoïsme étroit, la combattre, c'est le grand souci des Saints.

Mes Frères, la ferveur revêt une double forme : l'amour de Dieu, et l'a-

mour de ceux qui ont été tant aimés par
Dieu lui-même ; et le mot de ralliement
du Sauveur, celui qu'il jette aux quatre
coins de l'horizon, vous le connaissez
c'est celui-ci : « *Diliges* : vous aimerez ».
Ce mot résume le plus grand commandement. Un jeune homme demandant
le moyen pour arriver à la perfection,
Jésus lui répond : « Vous aimerez le
Seigneur votre Dieu de tout votre cœur,
de toutes vos forces, de toute votre âme,
mais il y a un second commandement
qui est semblable au premier : Vous
aimerez votre prochain comme vous-
mêmes par amour pour Dieu. *Diliges :*
Vous aimerez ».

Et, dans ce discours admirable du
Sauveur que nous a légué l'apôtre par
excellence, l'apôtre bien-aimé, le Ben-
jamin de la famille apostolique, Jean,

l'apôtre vierge et pur, ne recueillons
nous pas cette parole : On vous reconnaîtra à ce signe, on verra que vous êtes
mes disciples, si « vous vous aimez les
uns les autres ».

Et lui, Jean, l'apôtre de la dilection
sainte, arrivé plus tard aux limites extrêmes de la vieillesse, se faisant transporter dans l'église d'Ephèse pouvant à
peine parler, d'une voix défaillante
murmure ce discours si bref, mais si
touchant : « Mes petits enfants, aimez-
vous les uns les autres ».

Ah ! l'on croit volontiers, mes bien
chers Frères, que l'âme s'immolant à
Jésus, s'ensevelissant sous la voûte
sombre d'un cloître, va laisser dehors
toutes les affections, les amours les plus
légitimes. Détrompez-vous ! Plus on
approche du Bon Dieu, plus grandit

l'amour. Ecoutez la parole de saint Bernard : *De caritate Dei quo plus bibo, plus sitio et de ea saturari non possum :* plus je bois à la source de la charité divine, plus je veux boire davantage. Je ne puis me rassasier de l'amour de mon Dieu. L'amour de Jésus a été essentiellement un amour actif. Le bien éprouve cette nécessité de se répandre au-dehors : à mesure que l'on boit à la source qui s'appelle le cœur de Jésus, on veut en même temps épancher cet amour, on veut aimer ses frères.

L'amour différencie ses nuances : faut-il énumérer l'amour de la nature elle-même produit par les liens du sang, par la naissance, par les attaches de la famille : l'amour de l'enfant pour ses parents, du père, de la mère pour ses fils ou ses filles, de l'époux pour l'épouse et réciproquement ; l'amour produit par les circonstances, par exemple la gratitude pour un bienfait reçu ; l'amour pour la Patrie, l'amour pour les pauvres, l'amour pour les souffrants, l'amour pour tout ce qu'il y a de bon, de beau, de sublime, de divin ici-bas ?

Mais, parmi ces nuances de l'amour, il en est une plus belle, plus délicate, peut-être ; elle teinte doucement le calice d'une fleur embaumée, la fleur de l'amitié, et j'aime précisément à cueillir dans la vie de Pierre de Tarentaise cette rose aux senteurs enivrantes.

L'amitié, mais c'est l'amour avec je ne sais quel charme indéfinissable. Pourquoi vont-ils s'aimer ? « Volontiers, je dirai avec Montaigne parlant de la Boétie : Je l'aimais : vous me demandez pourquoi ? Je n'en sais rien, sinon parce qu'il était lui et que j'étais moi ». Ils se sont rencontrés dans les routes de l'existence, ils se sont vus et voilà que, soudain de ce choc une étincelle a jailli : l'amitié.

L'amitié, mes bien chers Frères, c'est quelque chose de grand, c'est quelque chose de divin, je l'ai dit tout à l'heure, je le maintiens. Jésus lui-même a voulu marquer ce quelque chose de son doigt divin. Il aima tous les hommes, mais sa prédilection pour les petits enfants, sa charité pour les pécheurs, sa douceur pour les malades, son empressement à venir en aide à toutes les souffrances, tout cela ne suffit pas, le programme n'est pas encore rempli. Voyez-le dans l'intérieur de cette maison de Béthanie ; il y a là Marie-Madeleine et Marthe ; l'une plus portée à la contemplation,

l'autre à qui l'action sourit davantage,
et puis il y a le trait d'union entre les
deux sœurs, Lazare, leur frère ; et celui-
là est, un jour, couché dans le tombeau
par la mort. Et, devant le tombeau de
Lazare, Jésus se prend à pleurer : Pourquoi Jésus pleure-t-il ? Parce que Lazare
était l'ami de Jésus.

Voyez ensuite Jésus avec ses apôtres,
ses trois privilégiés, Pierre, Jacques et
Jean, le dernier surtout ; Jésus avait
pour eux une amitié intense, il n'en fait
pas mystère. Un jour, sur son chemin,
Jésus rencontre un jeune homme ; il le
regarde, je ne sais ce qui se passe dans
le cœur de cet adolescent ainsi regardé
par Jésus, mais Jésus lui, l'a regardé et l'a
aimé, *intuitus eum dilexit,* il aurait voulu
en faire son ami. Hélas ! l'autre fut un
rebelle, il continua sa marche, il n'avait

pas le courage d'accomplir les sacrifices que réclamait l'amitié divine ; il aurait fallu tout quitter. L'amitié pour l'homme est un véritable besoin : surtout dans les périls de l'adolescence, à l'heure où les passions viennent gronder et palpiter dans le cœur, où dans l'imagination germent je ne sais quelles velléités d'indépendance prématurée, à l'heure où l'on voudrait voler de ses propres ailes, où l'on souhaiterait briser ces entraves avec lesquelles les pères et les mères essaient de retenir notre jeunesse. Ces parents sont le secours placé par Dieu à nos côtés, et cependant je cherche un appui plus familier, je cherche le bras d'un ami. Aux heures d'apeurement, dans les instants de tristesse je pourrai bien aller aux pieds de mon Dieu ; devant le saint Tabernacle j'épancherai mon

cœur et cependant la prière ne suffira
pas toujours, s'il plaît à Dieu de rester
muet.... En d'autres moments de tristesse, le prêtre élèvera la voix et, dans
son cœur, à son appel, je verserai les
secrets de mon âme, je pourrai puiser
la force, le soutien, et cependant le prêtre
non plus ne suffit pas toujours. Alors,
Jésus, à nos côtés, parfois place un ami
et, pour lui, rien de caché ; nos joies
comme nos tristesses nous allons les
partager avec lui. Qui donc, aux heures
de l'adolescence n'a parfois ressenti ces
douceurs de l'amitié sainte, qui, malgré
les ravages du temps demeurent pré-
sentes en notre pensée ? Oh, ce n'était
pas une de ces affections molles, éner-
vantes qui sont là s'appesantissant comme
un poids lourd sur nos épaules, avec
toutes les préoccupations malsaines,

avec une obsession qui nous poursuivra même aux instants de la prière, du recueillement, non, mais c'est le rayon de soleil qui vient irradier notre horizon au moment où les nuages sombres s'étaient amoncelés devant nous. Alors nous trouvant seul à seul avec lui, peut-être nous avons pleuré ensemble et cet ami, il est devenu, en quelque sorte le représentant du bon Dieu : « Celui qui a trouvé un ami fidèle a trouvé un véritable trésor, dit la Sainte Ecriture et elle ajoute : « C'est un gage de salut et un gage d'immortalité ».

L'amitié, elle, est féconde, parce que l'amitié est fille de l'amour et l'amour doit opérer des miracles.

Supposez ces deux jeunes gens qui s'aiment de cet amour, reposant non pas sur des qualités matérielles quelconques,

mais sur les qualités du cœur et sur
celles de l'âme, de cet amour non pas
engendré par les dehors séduisants d'une
beauté plus ou moins réelle, non pas
causé par le spectacle de la richesse ou
la fascination des honneurs, mais au
contraire de cet amour qui a pour base
l'amour même de Dieu, alors vous
aurez des amis sincères, véritables, de
ces hommes dont nous parle la sainte
Ecriture, dont l'histoire de l'Eglise nous
retrace la mémoire : Grégoire de Na-
zianze et Basile de Césarée, par exemple,
qui se sont aimés sur les bancs des écoles.
Au déclin de la vie, à l'heure où ils ont
déjà un pied dans la tombe vous aurez
cette amitié de deux vieillards qui ne se
sont rencontrés ici-bas que pour se donner rendez-vous au Paradis ; vous verrez Paul l'Ermite dans les bras d'Antoine

le Solitaire. Mais pourquoi chercher ailleurs des amis devenus des saints ? Saluez, mes frères, voici venir Pierre de Tarentaise et Bonaventure Pourquoi se sont-ils aimés tout d'abord ? Je n'en sais rien, Dieu seul connaît les secrets de leurs âmes, mais cette amitié est relatée avec un soin minutieux par les historiens du bienheureux Innocent V : d'abord il semble que Dieu avait voulu les faire marcher côte à côte pendant toutes les heures de leur carrière. La même année sans doute les a vus naître, Pierre de Tarentaise dans la Savoie, Bonaventure en Toscane ; Pierre de Tarentaise a prévenu son ami dans la voie religieuse : on vous l'a montré hier, spectacle sublime, réclamant la livrée des fils de Dominique aux pieds du bienheureux Jourdain de Saxe et donnant au Sauveur, sous la protection de Marie, la virginité intacte de son cœur : un cœur de dix ans.

Bonaventure apparaît plus tard : c'est là, dans cette université de Paris, ou plutôt c'est à son ombre qu'ils se sont trouvés, aimés pour la première fois. Arrivé à la fin de sa carrière, voyant ses fils réunis autour de lui, Innocent V laissait ingénûment (cette ingénuité des saints est si simple, si belle) il laissait échapper cet aveu qu'aux heures de la jeunesse il était d'une beauté merveilleuse : ses maîtres même avaient peur pour lui et ils le gardaient soigneusement dans le couvent de St-Jacques. Oui, on gardait cet adolescent, de peur qu'il n'éblouît trop les regards. Ses écrivains le racontent : « quiconque le voyait était immédiatement transporté d'amour pour sa personne » : De Bonaventure les historiens ont écrit qu'il était bien fait de sa personne ; ils ont noté surtout sa beauté morale disant avec Alexandre de Halès : « Ce jeune homme n'a point péché en Adam ».

Ces deux jeunes gens si beaux se sont rencontrés : ils se sont aimés ! Pierre de Tarentaise, Bonaventure, si vous pouviez parler, ah ! que j'aimerais à recueillir de vos lèvres le récit de ces premiers épanchements : l'épanchement de deux saints qui se rencontrent dans la vie, dont les cœurs se comprennent au premier contact. Pourtant s'ils se sont aimés, ce n'est pas seulement parce que, en eux, il y avait la même beauté, la même intelligence, le même cœur, le même dévouement, la même vertu, le même amour de cette vie religieuse,

amour du sacrifice, amour du renoncement. Il y avait là, permettez-moi
cette assertion, une autre raison providentielle : Pierre de Tarentaise était un
enfant de Dominique et Bonaventure
un fils de François d'Assise : or c'était
une tradition pour les pères des deux
saintes familles que les enfants de l'un
fussent les frères des enfants de l'autre.
Un jour, dans la basilique de Rome,
les deux Pères s'étaient rencontrés :
jamais jusqu'à ce jour ils ne s'étaient
trouvés en présence l'un de l'autre.
Pendant sa prière l'ancien chanoine
d'Osma eut une vision : le Maître irrité
apparaissait brandissant son tonnerre
pour frapper les mortels coupables, puis
la Vierge sainte, doucement, étendait
la main et montrait deux hommes revêtus d'un costume différent : l'un de

ces hommes était Dominique lui-même,
l'autre était un mendiant au vêtement
pauvre et misérable. Dominique a ter-
miné sa prière, il lève les yeux : ô prodige, le mendiant est devant lui : Dominique et François d'Assise tombent dans
les bras l'un de l'autre : ils se saluent
de leur propre nom. O Père saint Dominique, pressez, pressez François sur
votre poitrine, mettez sur votre cœur
ce bouquet de myrrhe tout embaumé
des austères parfums du sacrifice, pressez sur votre cœur celui qui demain sera
un stigmatisé, un crucifix vivant. François d'Assise, mon père, courbez votre
front, approchez vos lèvres de cette
poitrine sainte, aspirez les parfums
suaves de ce jardin de l'Epoux, cueillez
en l'âme de Dominique les lys de la
plus inviolable chasteté. Et ils sont

tombés dans les bras l'un de l'autre et
le baiser de Dominique et de François
d'Assise a passé de génération en génération sur les lèvres de ses enfants.

O sainte et douce amitié ! ô prodige
de la charité divine ; ils étaient beaux
tous deux, ils étaient saints tous deux.
Ils sont assis sur les bancs de la même
école, mais chacun suivant les cours de
l'Université avec des maîtres différents ;
à l'un, c'est Albert-le-Grand qui va
donner les conceptions de la science ;
à l'autre, Alexandre de Halès fera connaître les mystères de la philosophie et
de la théologie sainte. Plus tard, après
s'être aimés comme jeunes étudiants,
ils s'aimeront comme professeurs car
leurs deux chaires s'élèveront à côté
l'une de l'autre. Point de jalousie, point
de mesquine rivalité. Non, non. Le

champ du bien est si grand et si vaste
que toutes les bonnes volontés y sont
admises ; on luttera, mais à armes courtoises. Ils vont tous deux combattre le
bon combat, l'un gardien de la Vérité,
l'autre prêcheur de la Croix, ils semblent
deux fleuves splendides, continuant
parallèlement leur course majestueuse,
rafraîchissant toutes les âmes qui vont
venir s'abreuver à la source de la science
et de l'amour. Pourquoi, d'ailleurs, des
rivalités et des jalousies mesquines ?
Dans le ciel les hiérarchies saintes ont
été divisées par le Bon Dieu lui-même.
Le Séraphin est-il jaloux de la lumière
qui brille au front du chérubin ? Les
disciples nombreux de ce nouvel Ange
de l'Ecole ne sauraient porter ombrage
aux tenants du docteur Séraphique. Ils
unissent tous les deux l'amour à la

science, et le point de ralliement, le centre de leur affection, c'est Jésus qui règne en maître dans leurs âmes, Jésus qu'ils étudient, Jésus qu'ils méditent au pied des saints autels, Jésus pour lequel, dans ces heures de silence et de recueillement dont on vous parlait hier au soir, ils vont souffrir, imaginer des immolations que le monde ne connait point, ensanglanter leur chair virginale. Puis, quand ils auront travaillé, quand ils auront étudié, quand ils auront prié, ils vont, anges de Dieu, prendre leur essor, et après avoir gagné, gagné des âmes, se réunir pour continuer en commun l'œuvre de la Providence.

Je ne vais point vous les montrer tous deux, ces amis dont l'amour a pris naissance près de l'Université de Paris, je ne vais point vous les montrer dans les diverses fonctions que leur confia le ciel, ou dans ces chaires de l'enseignement sacré, ou dans l'exercice des tâches qui leur furent confiées par leurs frères. L'un, Pierre de Tarentaise, est devenu ministre, ou si vous aimez mieux, prieur de la province de France. Bonaventure est élu ministre, supérieur général de tout l'ordre de saint François ; enfants des Saints, de leurs religieux ils voulaient faire des saints. Mais notons au passage la lettre que d'aucuns ont attribuée à Bonaventure et qui plus probablement, est sortie de la plume de Jean de Parme, son prédécesseur dans la tâche de ministre général ; ah ! j'y lis des lignes qui me redisent comment nos pères comprenaient ce devoir sacré d'une mutuelle affection ; c'est en quelque sorte le programme de l'amour en nos deux héros. Les comparaisons, les rapprochements y sont accumulés comme à plaisir : l'Ordre Dominicain et l'Ordre Franciscain, ce sont les deux olives placées côte à côte sur la même branche, l'olive, symbole de paix, l'olive qui donne l'huile, image de la douceur en même temps qu'elle donnera tout à l'heure la lumière ; ainsi, Prêcheurs et Mineurs doivent être des flambeaux reluisant du même éclat, illuminant les mêmes intelligences, échauffant les mêmes cœurs ; ils sont les deux anges dont parle la Sainte Ecriture, ces deux anges qui, de leurs ailes, couvraient l'Arche sainte, le Tabernacle du Dieu vivant pour le protéger contre les contacts profanes ; Dieu les a placés, les deux ordres, pour que, à l'ombre de leurs ailes, ils gardent l'arche sainte de la vérité et préservent le dépôt apporté par le verbe incarné.

Ce sont, ajoute encore cette même lettre, les deux fils du Dominateur des nations qui doivent veiller pour garder à tout jamais intact l'honneur de leur maître ; entre eux, ils doivent s'aimer, ils doivent se chérir, ils doivent se considérer comme les enfants de la même famille, le fils de François fera toujours un accueil aimable à l'enfant de Dominique, l'enfant de Dominique dans le fils de François saluera toujours le Frère tendrement chéri.

. Ah ! mes Frères, vous le savez, les fils n'ont pas oublié le testament de leurs pères et j'en ai ce soir la preuve la plus éclatante puisque dès la première heure de la journée jusqu'à la fin de cette fête inoubliable, ensemble, et les

moines Dominicains et les moines Franciscains n'ont eu qu'un seul désir :
chanter le même cantique d'allégresse
et réchauffer aux pieds du nouveau
Bienheureux le baiser que se donnèrent
jadis leurs pères bien aimés.

Le Pape a connu la grandeur de ces
deux intelligences ; il sait surtout les
ressources de leurs cœurs et voilà qu'un
jour, ensemble, ils apprennent la nouvelle : Grégoire X veut faire d'eux les
colonnes de l'Eglise, les gonds, cardines,
sur lesquels tournent les portes qui
défendent l'entrée du sanctuaire ; dans
les dessins du Pontife, ils deviendront
cardinaux.

Probablement, Thomas d'Aquin avait
été choisi par le Pontife pour cette
dignité suprême, Thomas d'Aquin qui
entra lui aussi dans cette amitié sainte

de Pierre de Tarentaise et de Bonaventure. Hélas, Thomas d'Aquin, sur la route qui conduisait au concile de Lyon fut frappé inopinément par la mort et cette sorte de parallélisme qui n'a cessé d'exister entre les deux amis ne se démentira point. Tous deux, jadis, avaient reçu ensemble le grade de bacheliers, ensemble ils furent admis à la licence, c'est-à-dire qu'ils reçurent la permission d'enseigner, la même époque les a vus couvrir leurs chefs du bonnet de docteurs et, sur leurs épaules, je vois maintenant la livrée de ceux à qui sont confiées les destinées de l'Eglise, de ceux qui, par une mission prépondérante deviendront les auxiliaires humains du saint Esprit. A l'heure où il faudra choisir un successeur au Pontife descendu dans la tombe, ils seront les hérauts du roi des âmes et ils devront clamer : le Pape est mort, vive le Pape !

Pierre de Tarentaise et Bonaventure sont donc réunis à nouveau ; les voilà conseillers du Vicaire du Christ ; ce n'est point pour eux une sinécure que cette charge nouvelle. C'était l'heure où Grégoire avait préparé ces grandes assises dont j'évoquais tout à l'heure le souvenir devant vous. Le fameux concile de Lyon duquel d'ailleurs je n'ai pas ce soir à analyser les travaux, fut encore une occasion providentielle de réunion pour les deux amis, c'est là que nous allons voir luire encore une fois ces deux flambeaux du Seigneur. Ils sont l'âme du Concile, nous disent les historiens, le Pape leur a donné mission de préparer toutes choses et ce fut un spectacle admirable que ces deux anges de paix et de conciliation encadrant d'une façon merveilleuse, « faisant ressortir par le contraste saisissant de leur suavité céleste, la grande et austère figure du Bienheureux Crégoire X ». Leur douceur leur aménité à tous deux facilitent la besogne : point de cérémonie dans laquelle leur présence ne brille d'un vif éclat. Au jour du Concile, l'un d'eux prendra la parole quand le Pape aura prononcé son discours et je lis dans l'histoire de ce concile que successivement Pierre de Tarentaise et Bonaventure fournirent l'onction de leur parole persuasive.

Au jour de la fête de saint Pierre et de saint Paul, après bien des épreuves, après bien des traverses qui augmentèrent la douleur et avancèrent la fin de Bonaventure, ils sont là aux côtés

du Pontife, qui préside, la tiare au front;
les Grecs dissidents ont enfin résolu de
se joindre à l'Eglise latine. Bonaventure
et Pierre de Tarentaise escortent le
Pontife à l'instant où l'on entonne le
symbole de Nicée, commentaire du
Credo légué par les apôtres. Les prélats
forment deux chœurs dans la vaste nef
de l'Eglise : d'une part Pierre de Tarentaise, Bonaventure, trois autres cardinaux, et de l'autre les évêques qui
représentent l'Eglise grecque, et, parmi
ceux qui composent ce second chœur,
je salue avec joie et la robe blanche des
Dominicains et la robe brune des Franciscains dans la personne de Jean de
Morbec et de Jean de Constantinople.
Spectacle consolant pour les deux vail-
lants lutteurs.

Les harmonies saintes sont chantées

dans la langue grecque et latine disant
que le saint Esprit procède du Père et
du Fils ; *qui ex Patre Filioque procedit.*
Le point de litige qui, jusqu'à cette
heure, avait divisé les membres des
deux Eglises, semble oublié à tout jamais : Nous savons le triste lendemain.

Les Tartares envoient leur ambassa-
deur et quand il faut préparer le bap-
tême de quelques uns de ces réconciliés,
Bonaventure et Pierre de Tarentaise
sont encore à l'œuvre et c'est en cet
instant que la mort va séparer ces deux
cœurs. Mais il faut un instant retourner
en arrière. L'heure des épreuves est la
pierre de touche d'une véritable amitié :
l'occasion ne manqua point à nos Bienheureux d'attester de la sorte une mutuelle affection. Pendant le Concile de
Lyon, une question grave fut abordée

et dans cette occurrence surtout avait brillé de cet éclat si vif l'union inalté-rable du Prêcheur et du Frère mineur. Jadis, quand tous deux enseignaient dans les chaires de l'Université de Paris, l'ennemi jaloux voulut saper sourde-ment l'édifice de leur science et de leur sainteté. Par l'organe de Guillaume de Saint Amour l'esprit du mal avait attaqué les enfants de Dominique comme les fils de saint François et ce n'étaient point des armes courtoises dont il se servait, c'était la lutte à grand renfort de sarcasmes et la bave du serpent qui se cache et mord par derrière. Efforts inutiles. Guillaume de Saint-Amour peut bien dresser sa tête orgueilleuse ; Thomas d'Aquin, Pierre de Tarentaise, Bonaventure vont se mettre à l'œuvre. Aux « périls des derniers temps » Thomas d'Aquin appose son livre « contre les adversaires de la vie religieuse » ; Bonaventure rédige son « Apologie des pauvres ».

Si, dans cet instant, le travail de Pierre de Tarentaise ne ne se montre pas à découvert, à lui reviendra l'honneur de mettre la dernière main à cet ouvrage. En effet, à la fin du concile de Lyon, on réveilla cette querelle déjà vieille de plusieurs années. On avait attaqué les moines, on leur représentait qu'ils feraient beaucoup mieux de rester dans leurs monastères, que leur place n'était pas dans cette Université, pourtant chrétienne à cette époque. La raison ? Ils auraient pu prendre, ces docteurs dominicains ou franciscains, le reproche que faisait jadis le grand Maître Jésus aux Scribes et aux Pharai-

siens ; le retourner contre leurs adversaires et dire au peuple : Ecoutez ce
qu'ils disent, croyez-les, mais ne faites
pas ce qu'ils font. L'enseignement des
enfants de Dominique, comme les leçons
des fils de François d'Assise tombaient
là martelées avec force, dans les oreilles
de l'auditoire ; moines enseignants, ils
ne se contentaient pas de dire, ils ti-
raient des conclusions, ces conclusions
ils les prêchaient par leur vie, par leur
costume, et alors l'ennemi ne pouvait
contenir sa haine. Comme on ne pouvait
pas attaquer leur doctrine posée sur les
bases les plus solides, leurs dogmes
essentiellement catholiques, on em-
ployait contre eux les armes de la satire,
de la moquerie, de la détraction.

Ceux qui crient le plus fort ont généralement la chance de rester les maîtres,

mais pendant la crise, dans l'intérieur
des cloîtres les austérités et les sacrifices,
au dehors les pages fulgurantes des
écrivains vengeurs des mendiants rem-
portèrent une victoire éclatante : Guillaume de Saint-Amour et ses partisans
durent rentrer dans l'ombre. Toutefois
la lutte reprit plus chaude, l'alerte fut
vive, car ces docteurs avaient trouvé
des partisans dans tous les rangs de la
société et l'on déclarait, en certains
lieux, que la chape noire du Dominicain
devenait trop facilement ample, immense, envahissante, qu'elle voulait en-
glober et attirer à l'ombre de ses monastères et dans les oratoires les âmes
d'élite : on racontait que la corde du fils
de saint François était un peu trop ma-
niée par sa main comme le lazzo dont se
sert le chasseur dans les steppes pour

captiver les victimes et les assouplir à son gré. Et pourtant, malgré la force, malgré la puissance de leurs adversaires, la partie était restée à Thomas d'Aquin, Bonaventure et Pierre de Tarentaise. La querelle se ravivant au concile de Lyon, il fallut de nouveaux décrets.

Et comme le Pape sage et prudent ne voulait point aigrir les caractères exaspérés, à Pierre de Tarentaise fut donnée la mission sainte de concilier toutes choses, et sa douceur, et sa magnanimité et son influence morale furent immenses car devant cette seule parole les opposants courbèrent la tête, la paix fut faite, au moins pour de longues années.

Saint Bonaventure n'eut pas la consolation de récolter le fruit de ce travail opéré avec son saint ami. Nous avons vu la mort briser cette vie si précieuse, nous avons recueilli les pleurs de son panégyriste.

Notons un dernier trait ; au concile de Lyon Grégoire X ordonna qu'une messe serait célébrée par tous les prêtres présents pour le repos de Bonaventure. La même prescription faite par le Chapitre général des religieux dominicains à tous les prêtres de cet Ordre fut une nouvelle preuve indéniable que les larmes de Pierre de Tarentaise trouvaient un écho dans le cœur de tous ses frères.

Telle est, mes bien chers Frères, la page de l'histoire du bienheureux Innocent V que je voulais étudier devant vous : j'ai promis d'ajouter un mot sur l'union séculaire entre les fils de François et les enfants de Dominique : je ne voudrais point abuser de votre patience et je serai bref,

Ce fut vraiment une chose admirable que la naissance de ces deux ordres, précisément à une époque où le Souverain Pontife avait déclaré qu'il ne voulait plus donner d'approbation à de nouvelles familles religieuses. Dans un songe, cependant, le Pape a vu la Basilique de Saint-Jean de Latran qui semblait menacer ruine et soudain deux hommes se présentent successivement qui relèvent l'édifice croulant : l'un porte la livrée des chanoines augustins, l'autre est un mendiant : Ah ! vous les reconnaissez : Dominique et François d'Assise. Colonnes de l'Eglise, ne faut-il point qu'elles restent toujours immuables dans le lieu où l'architecte divin les plaça : Colonnes de l'Eglise, c'est trop peu. Ils se sont donnés tout à l'heure le baiser de la tendresse, il faut

qu'à travers les âges, le baiser se perpé-
tue de génération en génération. Et de
fait, mes bien chers Frères, quand nous
parcourons les pages de l'Eglise, nous
voyons quotidiennement accolés l'un à
l'autre ces deux noms de Dominicains
et de Franciscains : ils enseignent, nous
l'avons vu, dans les mêmes chaires, à
l'ombre de la même Université de Paris
et vont combattre le bon combat sur le
même champ de bataille philosophique
ou théologique : à mesure que les nefs
s'avancent sur les océans mouvants,
elles emportent les enfants de Dominique comme les fils de François d'Assise, pour déposer sur toutes les plages
de l'univers ces semeurs de la doctrine
évangélique.

Dieu semble se prêter, d'ailleurs, à
accorder, dès l'origine, aux fils des deux

familles des faveurs analogues : Entendez-vous la parole murmurée à l'oreille de Thomas d'Aquin : « Tu as bien écrit de moi, ô Thomas ».

Et, quand on demandera à Bonaventure le mineur où il a puisé ses enseignements sublimes, il montre le Crucifix et dit : « Voilà celui qui m'a dicté toutes choses. » L'amour de l'Eucharistie est égal en leurs âmes : François a envoyé des lettres dans lesquelles il a épanché son ardeur brûlante ; lui, cet amant de la pauvreté, aurait voulu être riche pour orner plus dignement le Tabernacle. Que dire de Thomas d'Aquin et de ses hymnes admirables en l'honneur du Très Saint-Sacrement. Ne fut-il pas le chantre inspiré du Dieu de l'Eucharistie ? Je vois ce Dieu, porté en son ciboire par la main de saint Antoine de Padoue, faire courber la tête de la mule stupide pour convertir l'hérétique obstiné. Sous les pas d'Hyacinthe le dominicain, le même Jésus hostie affermira les flots du Borysthène, à l'heure de la fuite devant les hordes dévastatrices.

Et la Vierge, vous savez son amour pour les deux familles : à François elle obtient l'indulgence de la Portioncule ; à Dominique, elle apprend à aller par les chemins, semant des pétales parfumés, égrenant le rosaire en l'honneur de Marie, redisant ce salut angélique, ces mots qui se redisent toujours sans se répéter jamais. Un Mineur a dit à Alexandre de Halès : « Maître, vous avez promis de ne rien refuser à la Vierge : en son nom, je vous le demande, prenez la livrée de François d'Assise », et

Alexandre devint Frère mineur. Et Albert le Grand ! lui qui avait toujours eu une difficulté de travail extrême, la Vierge sainte lui donne, comme gage de sa tendresse, une facilité extraordinaire ; elle lui promet de l'assister, elle tient parole ; plus tard, sa mémoire s'éteignant, le saint religieux se prépare doucement à la mort ; sa Mère l'a prévenu du prodige. Qu'elle est douce encore, la Vierge Marie, donnant de ses propres mains le blanc scapulaire au bienheureux Réginald. Et dans les deux familles, les religieux ainsi aimés par la Vierge Marie, lui rendant amour pour amour, défendant comme Duns Scot ses prérogatives célestes, mouraient dans la même confiance. Des hommes entourés ainsi des mêmes tendresses auraient pu devenir des ennemis ? Jamais, jamais.

Si j'interroge l'histoire je constate qu'aux siècles précédents certaines rivalités éclatent entre ceux qu'on appelait les moines blancs et les moines noirs, les uns et les autres soumis à la règle de Saint Benoit ; je ne vois pas que jamais de luttes sérieuses soient venues assombrir l'horizon, quand il s'est agi des fils de Dominique et des enfants de François. Les robes blanches et les robes brunes n'ont jamais été rapprochées que pour les étreintes fraternelles aux heures des cérémonies saintes : vienne la persécution, ceux qui portent ces livrées du christ tomberont ensemble sur les champs de bataille, ils courberont le front pour faire tomber leurs têtes sous la hache des mêmes bourreaux, ils signeront de leurs doigts avec le même sang, le même *Credo* légué par les apôtres. Lisez les pages du bréviaire, vous verrez mourant de la sorte à Gorcum au sol de la Hollande dominicains et franciscains victimes du fanatique puritanisme. Ils chantent ensemble les grandeurs de Jésus et les merveilles de Marie. Les sciences, les progrès, ils les aimeront ensemble, ensemble ils les sanctifieront. Sur la nef qui conduira Christophe Colomb à la découverte de l'Amérique, je vois trois religieux : un prêtre de la Merci, un enfant de Dominique un fils de saint François : dans l'Amérique du Sud comme dans l'Amérique du Nord, ils voyagent la main dans la main, ils se partagent pacifiquement ce monde qu'ils veulent conquérir non pas à la pointe de l'épée mais à l'aide du Crucifix et du Rosaire. A travers les âges, c'est toujours le même spectacle et jusqu'à la fin de notre XIXe siècle, il faut toujours citer la parole : « Le baiser de Dominique se transmet de génération en génération sur les lèvres de ses enfants bien aimés ».

Mes Révérends Pères, j'ai commencé par un merci, c'est par la parole d'action de grâces que je veux terminer ce trop long discours. O Bienheureux Innocent V ! O fils de saint Dominique, hier l'on vous demanda de donner à notre France, à ce noviciat d'Amiens, à tous ces couvents de la plus belle province française, et des maîtres dévoués et des novices saintement remplis de l'amour divin : ce soir le fils de François d'Assise vous adresse pour ses frères la même prière. Cette fête réunit prêcheurs et mineurs fidèles à la tradition antique :

ensemble ils ont chanté vos grandeurs, redit votre amour, répété votre humilité profonde, ensemble ils ont demandé au ciel de bénir leurs deux familles. Puisque, ce soir, en leur nom, il m'est permis de prendre la parole : O Pierre de Tarentaise, aux fils de saint Dominique comme aux enfants de François, obtenez toujours la grâce de la sainteté. On vous a demandé de doctes professeurs, des novices pieux, donnez-nous des Saints comme saint Dominique, des saints comme François d'Assise : qu'à l'exemple de Bonaventure votre ami, ils n'aient au cœur qu'un seul amour ; l'amour de la Croix, l'amour de Jésus. Pauvres, obéissants, purs comme vous, o Père saint ; suivant les mêmes routes, les routes du renoncement, les routes du sacrifice ; à votre exemple, aimant Jésus d'un amour inaltérable, à votre exemple aimant notre ordre d'une charité sainte, d'une charité sans bornes, qu'ensemble, ô Père saint et les enfants de Dominique et les fils de saint François marchent vers le ciel avec la même vérité pour doctrine, la même Croix pour fardeau et pour étendard. Faites qu'ensemble, ô Père saint, après avoir été, ici-bas, des religieux selon le cœur de Jésus, nous puissions retrouver là-haut ceux qui ont passé avant nous traçant la route lumineuse, creusant le sillon arrosé par leurs larmes, fécondé par leur sang ! Bienheureux Innocent V vous en qui je salue à la fois le cardinal et le pape austère, le moine exemplaire et l'ami toujours dévoué, aux enfants de Dominique comme aux enfants de François, accordez votre protection tutélaire. Après les avoir tous embrassés de la même charité, ouvrez leur à tout jamais les portes du ciel là où se formeront et se noueront pour toujours les liens de l'amitié sainte, et ensemble nous dirons, et ce sera pour l'éternité : *Ecce quam bonum et quam jucundum habitare fratres in unum. Amen.*

DISCOURS

DE

Sᴀ Gʀᴀɴᴅᴇᴜʀ Mᴏɴsᴇɪɢɴᴇᴜʀ DIZIEN

Evêque d'Amiens

Ecce sacerdos magnus qui in diebus suis placuit Deo et inventus est justus (Liturg.).

Voici un Pontife qui pendant les jours de sa vie mortelle a été agréable à Dieu, et qui a été déclaré saint.

Mᴇs Rᴇ́ᴠᴇ́ʀᴇɴᴅs Pᴇ̀ʀᴇs,

Mᴇs ʙɪᴇɴ ᴄʜᴇʀs Fʀᴇ̀ʀᴇs,

Il est donc toujours vrai le songe d'Innocent III et quand, comme celles de la Basilique de Latran, semblent fléchir les vieilles assises de la société, quand s'ébranlent les colonnes et que l'édifice menace ruine, c'est encore à la sainteté que l'Eglise en appelle et confie le soin de veiller sur les destinées compromises des peuples.

L'heure est pleine de troubles et d'angoisses : je ne sais quels malaises envahissent le cœur, et les esprits sont aux prises avec d'inextricables problèmes. En vain la sagesse humaine oppose à des flots tumultueux ses barrières de sable, en vain les conceptions les mieux étudiées s'imaginent prévenir et écarter les orages, l'Eglise mieux avisée parce qu'elle puise ses inspirations dans une lumière plus haute, l'Eglise détache de son immortelle couronne quelque fleuron nouveau, et le plaçant sur les autels, elle convie les foules à lui demander, par de publics hommages, des grâces plus puissantes et des interventions plus autorisées.

Ces fleurs de sainteté dont les vertus sauvent les nations, il semble qu'elles s'épanouissent plus volontiers, peut-être, au soleil de la vie monastique et l'Eglise vous les a souvent empruntées, mes Pères. La tige féconde de Saint Dominique n'a rien perdu de sa sève et, quand, il y a quelques années. le grand orateur applaudi du siècle se couchait dans sa gloire, le monde étonné put apprendre que l'arôme qui avait gardé et grandi son génie, c'était la sainteté.

Sur la route six fois séculaire où votre famille religieuse a laissé tant d'hommes illustres et tant de saints, voici que nous rencontrons, heureux de la saluer enfin de notre vénération émue et de nos prières confiantes. la grande figure d'Innocent V, trop longtemps oubliée si, dans les desseins providentiels, les grâces ne devaient pas être mesurées aux besoins des époques et des sociétés.

Il vous appartenait, mon Père (1) de louer un de vos frères, et l'antique affection qui unit les fils de François d'Assise aux fils de Dominique devait avoir aussi sa part fraternelle dans l'hommage (2). Vous voyez avec quel empressement cette cité d'Amiens, si accessible aux nobles sentiments, si sensible aux gloires qui vous touchent a répondu à un appel trop sympathique pour n'être pas écouté.

On m'a demandé d'apporter à ces fêtes le tribut d'une parole épiscopale. La prudence m'eût conseillé peut-être de laisser à des voix plus éloquentes et mieux préparées le soin de célébrer

(1) Le T. R. P. Vallée, des Frères Prêcheurs.
(2) Le R. P. Bruno, des Pères Capucins.

dignement le Bienheureux ; mais le cœur a été une fois de plus téméraire et j'ai cru qu'honorer l'Evêque et le Pontife, c'était encore appeler des grâces nécessaires sur celui qui a l'honneur immérité de porter aussi la houlette pastorale. C'est donc du Pontife que je viens vous parler. *Ecce sacerdos magnus qui in diebus suis placuit Deo, et inventus est justus.*

Trois choses sont réclamées du Pontife, à des degrés divers sans doute, pour qu'il remplisse dignement sa mission : la sainteté, la science et le gouvernement.

Je voudrais vous montrer à quel point ces trois précieuses qualités se rencontrent dans celui qui avait dans le monde le nom de Pierre de Tarentaise, qui garde dans l'Eglise et à qui nous pouvons donner, en attendant une gloire nouvelle, le nom de bienheureux Innocent V !

I

Quel temps, mes bien chers Frères, que celui où Pierre de Tarentaise prit naissance, et fut-il jamais, dans le monde, époque plus brillante, plus féconde et plus belle !

Trois siècles avaient pesé sur les âmes de tout le poids de leurs luttes, de leurs désordres et de leur ignorance : la grande voix de saint Bernard, elle-même, était éteinte et semblait avoir emporté au tombeau l'honneur et la gloire de l'Eglise. L'erreur s'agitait presque partout, l'infidèle menaçait le vieil Occident, les princes et les peuples

s'entregorgeaient, de sombres jours
avaient obscurci la papauté, le cloître
ne renvoyait plus l'écho des saints can-
tiques et la chrétienté se sentait prise
d'effroi. Et voici que tout à coup comme
après un moment d'orage, le ciel se
déchire, les nuages s'écartent, la nuit
se dissipe et une lumière éclatante
resplendit de toutes parts. Au firmament
de l'Eglise apparaissent des astres tels
que peut-être il ne s'en était jamais vu
et qui jettent de telles lueurs que le monde
à leur suite reprend sa marche assurée
vers d'incomparables gloires. Des mul-
titudes se pressent autour des chaires
et des écoles, et des maîtres enseignent
qui s'appellent : Pierre de Tarentaise,
Réginald, Hugues de Saint-Cher, Albert
le Grand, Bonaventure, Thomas d'A-
quin, et tant d'autres. Sous ce souffle

puissant, la science reprend un magnifique essor et ouvre des voies nouvelles;
l'art, sous toutes ses formes revêt une
splendeur qui n'a point été dépassée.
L'esprit reste interdit quand il évoque
le souvenir de toutes les grandes œuvres
et de toutes les entreprises de cette
époque si longtemps et si odieusement
méconnue. Six siècles n'ont pas tari
l'admiration que provoquent encore la
Somme de saint Thomas, la cathédrale
d'Amiens, la sainte Chapelle.

Mais ce qui sauve les peuples et guérit
les sociétés, ce n'est pas le génie, si
grand qu'il soit, ce n'est pas la science,
si haut qu'elle monte, c'est la sainteté.
Elle seule, entendez-le bien, plaide
devant Dieu la cause de la justice et de
la réparation, de la miséricorde et de
l'amour; elle seule sait appeler sur le

monde les trésors de grâces qui ramènent aux voies droites : « *Omnes justorum autem semitæ quasi lux splendens.* »

Nécessaire dans tous les temps, utile à tous, la sainteté est l'indispensable obligation de ceux que la Providence a faits les pasteurs de leurs frères. *Suscitabo pastores et pascent eos.* Appelés à diriger les âmes, dans les sentiers où, par la piété, la pénitence, la vertu elles doivent rencontrer Dieu, ils ont le devoir plus strict et plus étroit de donner à leur vie le caractère qui répond à leurs sublimes fonctions.

Ah ! c'est bien l'effrayante responsabilité qui faisait frémir Saint Paul et qui fait trembler encore ceux qui n'ont pour rassurer leur faiblesse ni les mérites ni les grâces des saints ! C'est bien l'éternel *onus*, l'immense fardeau sous lequel

ploient les épaules et sous lequel aussi,
le cœur se sent écrasé quand il mesure
ses forces à sa mission.

Telle était la réputation de sainteté
conquise par Pierre de Tarentaise que
Grégoire X n'hésite pas à l'appeler sur
l'antique siège de Lyon et à lui confier
les intérêts religieux de cette importante
église où des difficultés nombreuses
réclamaient les plus vigilantes sollici-
tudes. Enfant de cette terre bénie de
Savoie qui, par deux fois, devait donner
le modèle des évêques, formé sous la
rigide discipline du cloître à toutes les
vertus, le nouveau Pontife a bientôt
ramené à lui les esprits et les cœurs.
Sous l'influence puissante de ses exemples plus encore que de ses leçons, le
clergé retrouve sa ferveur, la régularité
rentre dans les monastères, les pratiques

chrétiennes reprennent leur empire et la vieille métropole renoue des traditions qui l'ont faite illustre entre toutes.

Les contemporains ont été tellement frappés de la vie édifiante de Pierre de Tarentaise qn'ils en ont laissé l'affirmation dans des pages authentiques qui sont aujourd'hui la fierté et l'orgueil de ses frères. « Il était éminent par sa « sainteté, dit un chroniqueur du temps « et le collège des cardinaux lui rendit « ce témoignage après sa mort qu'il « était entré dans son éternité empor- « tant la robe de son innocence avec « la gerbe de ses mérites. »

O mon Dieu, donnez-nous des saints comme Pierre de Tarentaise ; nos so- ciétés n'en ont pas moins besoin et nos jours les réclament encore. O Dieu, faites qu'à l'exemple du Bienheureux, nous sachions aimer et remplir notre devoir : *ejus intercessione nobis concede cælestia sapere.*

II

Mais le pontife est docteur et c'est à lui d'enseigner dans l'Eglise, héritier de ceux à qui le Maître a dit : *euntes docete omnes gentes,* il a la garde de la vérité et la doit à son peuple. Grande mission qui est le souci en même temps que l'honneur de son apostolat ! Ah ! je le sais bien, d'autres docteurs viendront qui enseigneront aussi, qui mettront au service de leurs doctrines l'art du génie, l'éclat de savoir, le prestige du talent. Le domaine des connaissances humaines est immense et de tout temps il s'est trouvé de hardis esprits pour l'explorer, l'étendre et l'ouvrir. Mais il est une vérité essentielle qui se doit à tous, qui ne souffre ni altération, ni dommage et dont Dieu a confié l'incorruptible dépôt à son Eglise : c'est celle où nous apprenons ce qu'il n'est permis à personne d'ignorer, où nous puisons la règle certaine de nos devoirs : « *Docentes eos servare omnia quæcumque mandavi vobis* ». Cette vérité n'est pas de la terre, elle vient du ciel, on n'y peut rien ajouter, rien changer, rien détruire : elle appartient à l'Eglise à qui Jésus-Christ l'a donnée, et à ceux qui ont reçu mission de l'enseigner. A Dieu ne plaise qu'elle néglige ou dédaigne les agréments des sciences humaines : elle sait que toutes les sciences viennent du même foyer divin, mais si elle s'honore du talent elle en est indépendante, si

elle estime le savoir, elle ne lui subor-
donne pas ses lumières, si elle eut souvent le privilège de l'éloquence et du
génie, elle n'en a pas besoin pour faire,
sur des lèvres plus modestes la conquête
des âmes. Et qui donc le pouvait mieux
que Pierre de Tarentaise, l'élève brillant
de l'université de Paris, le disciple
d'Albert le Grand, l'émule de Thomas
d'Aquin, l'ami de Bonaventure, celui dont
Grégoire X disait qu'il était l'homme
merveilleux en qui l'Esprit Saint avait
mis tous ses dons ? Philosophe, théologien, orateur, le pontife fut avant tout
l'apôtre, c'est-à-dire une âme passioné-
ment éprise de la vérité et qui sait
qu'elle ne la possède que pour la distri-
buer aux autres. Oh ! cette flamme de
l'apostolat qui depuis dix-huit siècles,
a jeté sur tous les chemins de si nobles

et de si merveilleux accents, il m'est doux de l'évoquer ici dans cette famille de saint Dominique qui la revendique comme un de ses glorieux privilèges et la porte fièrement dans son blason ! Vous avez, mes bien chers Pères, vous avez le maître incomparable, celui qu'on a appelé l'Ange de l'Ecole, et dont le génie, le plus grand peut-être, après six siècles, est encore capable d'éclairer toutes les questions, mais, de votre filiale reconnaissance celui dont la gloire n'a pas pâli à côté de celle de saint Thomas, et qui pouvait incrire dans ses lettres le *« vigor justitie et œquitas rectæ rationis »*. Pierre de Tarentaise méritait une place d'honneur près des maîtres et je bénis l'Eglise de la lui avoir donnée.

Certes, mes bien chers Pères, il vient

bien à son heure cet hommage rendu à la science dans la personne d'Innocent V. En un temps où elle exerce un prestige universel, en un temps où elle semble être la reine de l'opinion et rend des oracles parfois trop servilement acceptés, il était bon de montrer en quelle estime l'Eglise la tient et quelle part elle lui fait. Il y a quelques années quand un vent d'instruction primaire souffla sur les masses, plein de trop chimériques espérances, l'Eglise y répondit en plaçant sur les autels le bienheureux de la Salle, le maître accompli des enfants du peuple ; en ce jour où tant de rêves entourent encore la science, voici que la parole du Chef suprême de l'Eglise se fait entendre de nouveau et c'est pour acclamer un maître, un de ceux qui honorèrent le savoir autant que la foi. Merveilleuse économie de la Providence qui déroule à son gré les événements assemblés, mais où il est doux de retrouver les témoignages de sa sagesse et de son amour.

Innocent V vous appartient, mes bien chers Pères, mais s'il est de l'Eglise, il est de la France aussi. C'est chez elle, c'est à ses maîtres qu'il demanda le savoir, c'est dans ses chaires qu'il a enseigné. Ah ! puisse-t-il veiller encore sur les foyers ressuscités de notre Université catholique et sauver notre enseignement des menaces de demain. Puisse-t-il garder parmi nous, toujours allumé le flambeau d'une science qui, pour s'éclairer aux clartés de la foi, n'en est que plus sûre, plus brillante et plus belle !

III

Gouverner les hommes, mes bien chers Frères, fut toujours l'*ars artium,* l'art le plus difficile, l'épreuve la plus délicate. Exercer le pouvoir avec une douceur égale à la fermeté, imposer à tous une autorité faite de respect et d'amour, sauvegarder des droits méconnus, rétablir la paix entre des partis divisés, grouper les volontés pour les mettre au service de la justice et protéger la civilisation menacée, corriger les abus et refaire l'unité dans le désordre des mœurs et la division des esprits : ce fut la grande ambition d'Innocent V et la gloire aussi de son pontificat. Il n'avait point cherché l'élévation, ce fut l'élévation qui le vint arracher à sa solitude, afin de prouver sans doute qu'on est toujours digne des honneurs quand on leur est supérieur.

Quand Grégoire X appelait sur un siège illustre l'humble fils de saint Dominique, il lui confiait une charge pleine de difficultés et de périls. Un vent d'indépendance soufflait partout et le peuple, comme toujours demandait à de sinistres orages plutôt qu'à la revendication pacifique de ses droits, la conquête de ses franchises et de ses libertés. Pierre de Tarentaise vint et en deux ans, par sa douceur, par sa prudence, par son habileté il sut aplanir toutes les difficultés et se rendre maître de la situation. Mais le saint Pontife avait su discerner la cause du mal et d'une main aussi courageuse que prudente il s'appliqua à détruire les abus qui désolaient l'Eglise et affligeaient les âmes. Il prépare le fameux concile de Lyon où devaient être traitées et discutées les plus importantes questions et qui exercera la plus heureuse influence sur les destinées de l'Eglise. Il organise les croisades, réforme les points principaux de la vieille discipline ecclésiastique et son éloquence convaincante eût mis fin à un schisme déplorable si l'astuce de Michel Paléologue n'eut trahi d'enthousiastes acclamations. C'est là que vint le chercher le choix des cardinaux qui à l'unanimité le désignèrent comme successeur à Grégoire X.

Rarement les jours avaient été plus difficiles et plus troublés. L'Italie divisée en deux fractions égales, les villes et les cités aux prises, les droits du Saint-Siège méconnus et là-bas, à l'Orient l'audace de la puissance musulmane menaçante : c'était plus qu'il n'en fallait pour décourager une âme moins bien trempée que celle d'Innocent V, mais la devise du saint Evêque : « *Oculi mei semper ad Dominam* », indiquait à quelle source il entendait puiser sa force et sur quel secours il comptait. Hélas le temps lui fut refusé et il ne porta la tiare que quelque mois, laissant deviner plutôt les grandes vues et les grands projets de son gouvernement que la gloire d'avoir pu les réaliser, mais, si court qu'il ait été, le pontificat d'Innocent V reste l'un des plus remarquables qu'ait connus la chaire de Saint Pierre. *Ecce sacerdos magnus !* O Rome, c'est ton nom que je viens de prononcer, et voici qu'à nommer ce grand Pape, j'éprouve le besoin de me retourner vers toi. C'est que à six siècles de distance, j'y retrouve les mêmes vertus, le même génie, le même but, les mêmes projets, les mêmes espérances.

L'histoire dira la place que Léon XIII tint parmi les intelligences de son temps et si jamais la science trouva plus qu'en lui de zèle pour la défendre, d'amour pour la servir, d'activité pour la répandre : mais elle dira aussi qu'en des jours également malheureux où souffle encore dans les masses populaires je ne sais quel vent de tempête, où la division est partout, où surgissent de troublants problèmes, où les droits du Saint-Siège sont foulés aux pieds, où l'Orient garde toujours ses éternels conflits, il s'est trouvé un Pontife héritier et successeur d'Innocent V, pour enseigner au monde les leçons toujours

vraies et toujours nécessaires de la justice et du droit, de la paix, de la foi et
de la liberté.

O sainte Eglise, c'est à vous que nous
devons nos saints, ces frères aînés qui
nous soutiennent de leur protection et
nous encouragent de leurs exemples,
mais c'est vous aussi qu'ils ont aimée,
qu'ils ont servie, qu'ils ont défendue.
Ah ! qu'à leur suite et à notre tour, fils
respectueux, dociles et dévoués, nous
vous donnions toutes les pensées de
notre esprit, tous les amours de notre
cœur et toutes les énergies de notre
volonté, *ejus intercessione nobis concede cœlestia sapere, et omnia bona
concordi studio sectari !* ~*Amen.*